高校辅导员工作实践与人才队伍建设研究

张 晶／著

吉林出版集团股份有限公司

全国百佳图书出版单位

图书在版编目（CIP）数据

高校辅导员工作实践与人才队伍建设研究 / 张晶著
. -- 长春 : 吉林出版集团股份有限公司, 2021.4
ISBN 978-7-5731-0007-8

Ⅰ. ①高… Ⅱ. ①张… Ⅲ. ①高等学校－辅导员－师
资队伍建设－研究 Ⅳ. ①G645.1

中国版本图书馆CIP数据核字(2021)第149555号

GAOXIAO FUDAOYUAN GONGZUO SHIJIAN YU RENCAI DUIWU JIANSHE YANJIU
高校辅导员工作实践与人才队伍建设研究

著　　者	张　晶	责任编辑	刘晓敏
出版策划	孙　昶	封面设计	雅硕图文

出　　版　吉林出版集团股份有限公司
　　　　　（长春市福祉大路5788号，邮政编码：130118）
发　　行　吉林出版集团译文图书经营有限公司
　　　　　（http://shop34896900.taobao.com）
电　　话　总编办 0431-81629909　营销部 0431-81629880/81629881

印　　刷	长春市华远印务有限公司	开　　本	787mm×1092mm　1/16
印　　张	9	字　　数	150千
版　　次	2022年6月第1版	印　　次	2022年6月第1次印刷
书　　号	ISBN 978-7-5731-0007-8	定　　价	68.00元

印装错误请与承印厂联系

前　言

　　新时代国家出台了一系列配套政策，明确了辅导员的角色定位、工作定位、工作职责、素质要求和建设目标，完善了辅导员队伍的招聘体系，建立了首批21个教育部高校辅导员培训和研修基地，营造了辅导员制度发展的良好氛围和有利态势，为各高校构建辅导员队伍建设的长效机制奠定了政策基础。

　　辅导员对于个人来讲可能只是一个职业，但是对于国家的发展来讲可能是一项伟大的事业。辅导员老师俨然已经成为高校优质教师队伍中的医院，其是学生思想教育的重要力量，起着大学生政治上的引导、思想上的教育以及在心理上的辅导等方面作用明显，这也能够满足国家和社会以及党的要求，又承担了高校赋予的使命和大学生的成长成才的需要。面对时代发展的新要求，面对当代大学生成长、成才的新特点，辅导员的工作将不断遇到许多新的问题，同时还也带来了很多的机会、机遇和挑战，建设"政治强，业务精，纪律严，作风正"的辅导员队伍是非常重要和迫切的。同时，辅导员自身的学习和发展更是不可或缺，辅导员应加强自我教育，自我激励，不断增强职业认同度和职业化水平，不断提高自身的文化修养、学习能力、教育能力、管理能力和服务能力，成为大学生思想政治教育的理论研究者和实践者，完成自身的使命和职责。

　　本书按照辅导员工作的具体内容进行系统化撰写，主要是对近几年大学生辅导员在工作中的经验和做法进行总结和梳理，特色鲜明，结构新颖，坚持专业性与可读性相结合，其中包括了党的建设和学生党员的思想教育、入学的适应性、心理的健康程度等内容，在面对的作用人群上表现出了具有较强的针对性、实用性和指导性。对于新辅导员更快适应工作角色转变，更好开展新生入学教育工作将大有裨益，也希望该书能够对辅导员的日常工作、思想认识等方面起到积极的作用。

同时，在撰写本书的过程中，尽管作者最大程度地倾注了自己的热情和智慧，但是也难免有缺点和不足，希望读者批评指正。我坚信，一切关心和投身于高校学生教育工作的同仁，一定会满腔热情地支持对该项工作的研究，并且用自己的劳动耕耘它，灌溉它，使它结出更加丰硕的果实。

目　　录

第一章　新时代高校辅导员岗位工作概述

　　辅导员制度自产生以来，经历了"发展—冲击—恢复、调整—发展、完善"的一系列过程，当 然，目前辅导员制度仍然处于不断完善的过程中。时代在不断地进步，高等教育的水平也在不断地提高，辅导员的角色和职责也都发生了比较大的变化，如何能够全面提升辅导员的素质成了辅导员制度相关人员和领域关注的重点内容。

第一节　高校辅导员岗位的现状与走向

一、辅导员制度的现状

　　辅导员制度的建立是立足于我国的教育国情的，它们不仅能够对我国高校学生起到思想教育的作用，而且还能够培养社会主义合格的接班人和建设者。辅导员制度也是我国高等教育管理体制的重要组成部分，对大学生的健康管理和指导起着重要的作用。多年来，辅导员制度经过不断的发展，已逐渐趋于完善，同时也积累了很多优秀的工作经验，在制度建设、工作方式等方面逐渐形成了一套较为完备的体系。我国辅导员主要有以下三种形式：一是专职辅导员；二是既担任专业课教师又承担辅导员职责的兼职辅导员；三是专兼结合的辅导员。目前，我国大部分高校所采用的都是第三种辅导员形式，即通过一定的比例来为高校学生群体配备辅导员。但近年来，高校学生数量不断增加，辅导员数量却并未随之增加，这直接导致了辅导员与学生比例的失调。基于这种情况，我国也出台了诸如《普通高等学校辅导员队伍建设规定》等相关文件，明确要求了辅导员与学生的比例不能小于1:200，这一规定的出台有效改善了高校 辅导员数量不足的问题。一般来说，辅导员在高校所担任的职务多为党支部书记或团委书记，他们主要的工作就是要对大学生平时的思想活动进行指导，使其能够在教育、生活和心理的发展上更加健康。该项制度不仅仅能够推动高校改革大局的发展，而且还能够进一步实现对学生成长的促进，在宏观和微观层面有效地履行工作职责。

目前，我国高校辅导员的发展还是取得了很大的进步，无论是在政策的制定上，还是在制度的实施以及平台的构建等方面均成果显著。同时，这一制度也受到了教育部的密切关注，前前后后发布了一系列的文件，并且不断地制定新策略，实行新方法，使高校辅导员的工作职责得到进一步明确。此外，通过建设高校辅导员培训和研修基地等行动，辅导员制度也有了更加良好的发展环境和趋势。

在辅导员的体系之外，我国大部分高校都会为每一个班级配备一位具有专业知识素养的班主任，负责在专业学习和大学生活等方面细致、深入地指导学生，如指导学生学习和开展课外学术科技活动，对学生进行生活、健康、就业和行为等方面的指导等。班主任的主要职责和辅导员是不同的，主要的职责是能够协助辅导员进行一些思想教育工作，并且能够在学习的基本方法上给予学生最大的帮助，帮助他们解决学习和生活上遇到的困难，同时也帮助他们合理进行自己的职业规划。班主任担任兼职辅导员强化了制度保障，同时从制度上、机制上进一步完善了班主任制度，将教书与育人充分结合起来。

从目前来看，我国高校辅导员的工作机制比较合理，并且运转得比较顺畅，无论从辅导员还是班主任的角度来讲，都能够实现对学生的积极管理。班主任侧重"块"状管理，在学术、学习方面甚至是生活方面，辅导员和班主任都能够为学生提供很好的意见，并且辅导员和班主任能够相互之间合作，通过两者的积极合作为高校学生的教育、生活以及心理都带来了良好的导向作用。

二、辅导员制度的走向

总体来讲，我国辅导员宏观制度到位，国家政策到位，但微观的规章不够到位，部分高校落实不够到位，专业化程度不够到位，这些问题也是我国辅导员制度突破的关键。

改革开放以来，我国的经济体制发生了很大的变化，同时社会的结构也发生了翻天覆地的变化，在利益的格局以及思想的观念上都发生了较大的变化，这同时也给大学生的思想和生活带来了变化。这些影响之中有一些是负面的，主要表现在大学生对政治信仰比较迷茫，这可能是受到了国外文化的影响，使得很多大学生在理想信念和价值取向、诚信、责任等方面出现了很大的问题。此外，随着生活水平的不断提高，大学生群体的艰苦奋斗精神不断被弱化，他们的心理素质也有所欠缺，辅导员在对他们进行思想教育和心理辅导的过程中也因此存在诸多挑战。

目前，我国辅导员体系还存在诸多问题，主要问题就是数量上还是不足以满足学生的要求，在质量上还有很大的提升空间，当然，和一些发达地区的辅导员相比，我国的辅导员在职业化程度方面还有不小的差距。再加上现在高校的学生不断扩招，大学生的数量不断地增加，使得辅导员的数量进一步短缺，在素质和职业化程度上更是不断地下滑。我国高校辅导员队伍数量不足，低于教育部规定的1：200，辅导员往往身兼数职，既需要承担专业课传授的任务，又需要承担辅导学生的职责，这种现象既导致了辅导员自身事务的繁杂和混乱，没有办法专心投入到对学生进行思想教育和心理辅导的工作中去，也使得学生没有办法正确认识辅导员的工作职责，在寻求辅导员帮助的过程中遇到阻碍。此外，部分辅导员还存在职业认同度较低、思想不稳定、态度不端正、工作缺乏热情、能力不强等问题。时代的发展和大学生强烈的成才需求，对辅导员提出了更高的素质要求。辅导员的专业化和职业化水平较低，会导致辅导员工作存在不平衡现象，理想信念教育、思想道德教育、爱国主义教育、公民道德教育效果减弱，思想政治教育实效性并不乐观。尽管在学生管理方面，我国高校辅导员的实效性相对有效，具体表现为我国高校稳定、学风良好等，但心理咨询和职业咨询的专业化程度较低，不能满足大学生健康成长、成才和就业的需要。

我国面临着社会的进一步发展，以及在国际化进程中的进一步深入，这需要我国的教育水平有一个更大的提高，因此，我国高等教育还需要加速前进。辅导员制度在理论、制度和实践上，也出现了新的发展趋势：辅导员制度化建设进一步完善，职业化水平进一步提升，国际化水平进一步提高。

高校辅导员的职位是非常明确的，按照有关的规定它就是高校教师的重要组成，并且有着专门的职责，其职责就是能够对高校的大学生进行思想方面的教育，成为他们的引路人。职责的进一步明确，使辅导员的教育、辅导的职能得到突出，辅导员的选聘将纳入高校教师和干部系列的人事制度运行机制，辅导员的工作方式也将进一步转变，由传统的管制型改为辅导型，充分发挥学生的主体意识、主角意识。随着辅导员培训基地的建立和拓展，辅导员的各方面培训确实应该纳入高校教师教育的计划中，这样不仅专职教授能够享受到学校各方面的资源，而且还能够使这部分辅导员实现正规化的能力提升，他们的能力与职业化水平都能够得到飞速的发展，这对学校的发展也是有益的。同时辅导员也是学校人才储备中很重要的后备力量，它能够为学校的发展提供管理人才。

总之，我国辅导员制度正逐渐完善，辅导员工作内容明确，辅导员队伍聘用有章，考核有准，晋升有望，流动可行，角色明确，职责清晰，素质过硬。辅导员在高校的学生教育中做出了不可替代的贡献，满足了国家、社会、高校和大学生的各方需要。

第二节　高校辅导员制度的设立与定位

一、辅导员的定位

（一）21世纪以前我国辅导员定位

高校辅导员制度源自中华人民共和国成立以前中国共产党在军政干部院校实行的"政治指导员"制度。抗日军政大学政治部在大队一级机构设立政治指导员，指导员的工作和现在高校中的辅导员工作是类似的，主要是负责解决学生的思想、生活和学习中遇到的问题。辅导员能够利用相应的知识对学生在日常生活学习中遇到的问题进行解答，真正做到古语所说的"传道授业解惑"，成为保证高等教育事业持续、健康、快速发展不可替代的一支极为重要的必备力量。相对而言，新世纪以前辅导员主要需要做好"良师"这一角色。

（二）21世纪以来我国辅导员定位

21世纪初期，我国教育部就出台了一系列关于高校学生思想教育与辅导员相关的文件，其中包括2004年下发的《中共中央国务院关于进一步加强和改进大学生思想政治教育的意见》和2005年下发的《教育部关于加强高等学校辅导员、班主任队伍建设的意见》，这些文件的制定标志着我国辅导员进入了一个崭新的时期。辅导员是学生思想教育的一线指导者，是不可替代和具有重要使命的。无论从理论层面还是实践层面，社会的实际发展形势都需要我们对辅导员角色进行重新定位，这既是对增强和改善辅导员队伍建设的价值要求，也是对辅导员身份职责、社会地位的尊重和提升。总体来说，新时期辅导员需要在"良师"角色基础上更多体现"益友"的作用。

由于辅导员在学校教育中具有一定的特殊地位，学生对辅导员的认可度逐渐提高，这更有利于辅导员顺利推进工作，开创工作新举措。辅导员的身份究竟是什么呢？他是属于领导干部还是专职教师呢？这些在平时的工作中以及相关的文件中都没有给出明确的规定，其角色定位并不清晰，甚至错位。其原因既包括认识上的偏差，也存在部分客观因素的制约。

要想明确辅导员的相关工作最重要的一点就是要对辅导员的角色进行准确的定位。进入了新的发展时期，学校的教师队伍不断优化，对于辅导员这一角色的职责认知也不断加深，他们不仅是指引学生成长的标杆，更对学生的成长、成才产生深刻影响。

辅导员肩负着培养和教育学生的光荣使命，是高校思想政治教育队伍中最基层的力量。他们面向学生传播进步思想和科学理论，指导学生在面对社会中纷繁复杂的思潮和意识形态时做出正确选择。辅导员的工作应以思想政治教育为中心，以学生党团建设、日常工作管理与服务以及课外实践等活动为依托，开展相关工作。为适应新形势的变化与发展，高校必须着力打造一支具备高水平专业素养的辅导员队伍。高校思想政治教育需要高校教师自身要有较高的思想素养，忠诚于党、为人师表、爱岗敬业，要秉持实事求是的工作态度，用其自身高尚的品德和丰厚的科学文化内涵来影响学生，为社会主义建设事业培养全面发展的优秀人才。

（三）新生辅导员应努力做好以下几个角色

1.在思想上做学生的领航人

如何能够让学生初入校园时就形成对于学校的良好印象，这与辅导员在迎接新生入学时所做的工作息息相关。为了让学生能够在第一时间感受到学校的温暖，让他们尽快熟悉学校的学习、生活环境，辅导员应该亲自参与到迎接新生的工作当中，与前来报到的新生进行简单的交流，让他们感受到来自学校和老师的温暖。同时，辅导员参与到新生报到工作之中，也有利于掌握学生的情况，为后续的思想教育和学生管理工作奠定良好的基础，便于后续工作的顺利开展。在过渡期时，辅导员需要引领新生尽早完成思想转变，提升他们对大学新生活的适应能力，为学生今后的各项发展打下坚实基础。辅导员对新生的影响在此过渡阶段具有至关重要的作用。

2.在品行上做学生的典范

辅导员这一特殊的教育角色，其本身就成为品德概念的化身，在日常工作中的每一言每一行，都会对学生产生深刻的影响。因此，辅导员首先要保证自身具有较高的道德修养，才能在对学生进行思想教育的过程中以身作则，培养他们健全的人格。

3.在生活中做学生的益友

在日常工作中，身为辅导员，要关注学生的日常生活，尤其是学生当中的特殊群体，主要包括家庭经济困难、学习困难或在心理和生理上存在一定障碍的学生群体。这类学生群体与其他人相比，往往会存在更多的问题，这就需要辅导员对他们进行重点关注。对于刚进入大学校园的新生来说，陌生的校园环境和同学往往会导致他们在心理上和思想上的一些不适应，他们需要一段时间来调节和改善这种不适应情绪。这就需要辅导员融入学生的生活当中，拉近与学生之间的情感，了解他们存在的问题，并帮助他们尽快解决这些问题。但是，由于很多辅导员所带的学生人数较多，如果事事亲力亲为，也未必能够达到理想效果。因此，还需要积极开展新生成长对话课、主题班团日等团体活动，帮助新生尽快适应大学生活。

4.在学习中做学生的引路者

对于新生来说，他们进入大学后很容易放松对自己的要求，荒废宝贵的时间。辅导员应及时督促学生进行职业生涯规划，继而使他们能够合理地对自己的学习、生活和实践活动进行规划。辅导员要根据每名学生的实际情况，帮助他们制订不同时期的目标，引导他们走向正确的学业和职业发展道路，使他们能够认真规划自己的校园生活。针对不同专业的学生，帮助他们完善专业知识，使他们能够更有条理、更有针对性地进行学习，从而使他们的大学生活逐步走向正轨。

二、定位新生辅导员职责的重要性

（一）提升辅导员履职能力

辅导员与大学生既有相似之处，又有诸多的不同点，相似之处使他们能够更加便利地开展工作，而不同点就要求辅导员必须具备专业化的能力。辅导员只有不断提升自身职业能力，才能更好地为学生服务，面对学生提出或存在的问题时，才能更快更好地解决。

　　大一阶段是大学重要的起步阶段，是否能够平稳度过这一阶段，是关乎学生能否成功养成良好思想意识的关键。相应地，新生辅导员此刻也最为忙碌。面对全新的环境，新生面临各种困难问题时大多会寻求辅导员的帮助。因此，辅导员也需要在起步阶段建立自己的学生干部队伍，寻找合适自己的工作方式。总而言之，大一学年不仅对于新生的未来发展十分重要，对于提升辅导员履职能力、健全工作制度、建立工作队伍都十分关键。

（二）帮助新生适应新环境、促其成长

　　面对和高中相比巨大的环境转变，部分大一学生会感到较多的不适应，甚至会因为这种不适应而导致一系列负面情绪的产生，从而出现消极行为。此外，部分学生缺乏奋斗目标，学习动力缺失，意识消沉。新生辅导员应在这个关键时期帮助新生尽快完成各方面的转型，努力适应新环境、解决新问题，为今后的发展打下坚实基础。

第三节　新时代高校辅导员的素质要求

　　具体来说，辅导员的职业素质主要包括三个方面，即政治素质、业务素质和道德素质。这三个方面与职业素质紧密相连，相辅相成，政治素质是职业素质的前提，业务素质是职业素质的基础，道德素质则是职业素质的关键。

一、辅导员的政治素质

（一）坚定的政治立场

　　在高校，辅导员一部分工作是照顾学生的日常生活和学习，更重要的任务是能够明确一个学校的政治立场，培养学生的基本政治意识和政治立场。辅导员是高校学生思想教育的绝对骨干力量，当然班主任也有着不可推卸的责任，但是辅导员的责任可能是更大的、更具有针对性的。他们是大学生在思想上的指导者和引路人。党内的政策和方针需要辅导员给大学生进行正确

的解读，才能够让他们在国家的建设和社会主义道路的认识上有正确的观念和根深蒂固的意识，才能够坚定不移地认同党和国家的政治立场。

（二）较强的政治原则性

除了坚定的政治立场以外，辅导员还需要具有较强的政治原则性。辅导员自身首先要认真学习党和国家的一系列方针政策，尤其是党和国家在教育体系建设方面的政策和规定，并以此为基础，来分析和解决在工作中所遇到的问题。具体而言，就是辅导员要正确引导学生的政治思想，及时化解大学生对党和国家的不良情绪，使他们能够形成正确的政治观和价值观，对党和国家有积极的和正面的认识，从而不断提高自身能力，为党和国家的发展做出自己的贡献。

（三）较高的政治觉悟

当代大学生处于一个信息时代，他们每天都能够接收到来自四面八方繁杂的信息，这也就导致他们极易受到一些不良思潮的影响。面对这种情况，辅导员就需要对学生的思想进行积极干预，确保他们具有正确的政治立场和政治原则，不被不良思潮所影响，始终怀有对党和国家的热爱，保持政治上的清醒和冷静，拥有较高的政治觉悟。面对不良思潮，辅导员要引导大学生进行分辨，提高他们的政治敏锐性，从而自觉抵制不良思潮。

（四）适宜的灵活性

在日常的工作中，辅导员要灵活地将政治理念传递给学生，而不能采取强硬灌输的形式。辅导员要结合大学生的思想特点、兴趣特点、生活实际，采用寓教于乐的形式，帮助大学生了解政治、政策的实质和精神，通过更加灵活的方式来帮助他们树立正确的政治观念，避免教条主义。大学生的内涵是需要培养的。现在的大学生受到西方文化的影响，以及经济发展带来的一些弊端，使得一些学生对金钱和物质产生浓厚的兴趣，因此，他们的思想内涵应该得到进一步的升华。在增强他们思想教育的基础上，将党和国家的政策融入学生的平时生活中，不断地增加政策和措施的生动性与感染力，正确引导学生的思想观念。

如何能够让学生有着正确的认识和思想观念，进而成为社会主义事业的接班人，辅导员的作用不可忽视。在整个教育的过程中，辅导员要以身作则，这样才能够在其中起到积极的作用。学生们首先接触到的就是辅导员，辅导员的一言一行能够对学生的行为和认知产生最直接的影响。因此，辅导员要有一个正确引导的意识，在一些重大的问题上要讲明白、讲清楚，不要似是而非地讲一些让学生难以接受的思想，这样对于学生的正确认识是非常不利的。在以身作则方面，辅导员要积极地融入学生的日常生活中去，经常参加他们的日常活动，这样才能够在实践中了解到学生的心理状态。学生的心理状态能够反映出学生对于一些社会观念的认识，了解到之后才有利于以后工作的开展。因此，辅导员要简于形、见于行，才能够引导学生树立正确的政治观念。

二、辅导员的业务素质

（一）文化修养

辅导员的业务素质首先要求辅导员要具有一定的文化修养。只有辅导员自身具有较高的科学素质和人文素质，才能够对大学生的健康成长做出积极影响。同时，辅导员自身的文化修养能力也会帮助他们在面对不同年级、专业的学生时都能够游刃有余，给予他们有效的指导。实际工作中，文科院系的辅导员宜掌握基本的科学知识，具备一定的科学修养，弥补并引导文科大学生健康成长、全面成长；理工科的辅导员宜掌握基本的人文知识，具备一定的人文修养，弥补并引导理工科学生协调、可持续发展，实现人文素质和科学素质的相辅相成，引导大学生树立科学的成才观。

（二）教育能力

辅导员要有较强的教育能力，才能够在大学生的学习和生活中起到正确的引导作用，帮助他们树立正确的人生观和价值观。在实践工作之中，辅导员不应总是以一个领导的身份出现在学生的生活中，而是要和学生不断地加强信任，以一种平和、平等的心态和学生进行交流，以朋友的身份给予他们建议和引导，通过不断的交流和沟通，帮助他们处理生活和学习当中遇到的问题，通过潜移默化的方式，对他们进行正确的引导。采用新生入学教育、思想政治讲座、就业创业课堂等形式，帮助学生了解国内国外政策态势，了解现今我国的就业趋势，引导他们树立正确的政治观、就业观和创业观，处理好学业、职业、事业和人生的关系。此外，辅导员要善于把握机会，利用重大节日、重大活动，开展深入浅出的、活泼生动的爱国、爱校教育等适宜的活动。

（三）管理能力

辅导员要提高自己的辨别能力、沟通能力、决策能力和创新能力，增强管理工作的准确性、有效性和创新性。辅导员要做好学生行为、学生活动和学生组织的管理，因地制宜，既做好个别学生、个别班级、个别学生组织的管理，又要以点带面，化繁为简，做好学生的学习管理、行为管理和生活管理，还要织线成面，执简驭繁，做好学生的全过程和全局管理，提高工作的效率和效果。在实际工作中，辅导员要具备组织的凝聚力、协调的亲和力、沟通的渗透力，这就需要辅导员能总揽全局，既能管理好学生，又能管理好学生事务，也能管理好学生组织，还能管理好自己的工作、学习和生活。同时，在管理过程中，辅导员要以人为本，增强管理的柔性、弹性，减少命令和指挥，多引导，多鼓励，结合学生的实际情况，综合运用多种方法、方式，解决学生的思想问题和实际问题；在坚持原则的前提下，发挥自己和学生的主动性和积极性，结合班级和学生特点开展工作，创新载体和活动形式，贴近学生、贴近生活、贴近实际，做好计划、策划、规划和考核工作，增强管理的科学性和实效性。

（四）服务能力

辅导员要注重学生实际，为大学生的健康成长提供周到的服务。在日常工作中，辅导员要根据不同学生的不同需求，为他们提供按需服务。辅导员应当树立正确的服务意识，不断提高自身服务能力与服务技巧，同时在基础、琐碎、复杂的学生事务工作和思想政治教育中贯彻服务的理念，主动去关心学生的学习和生活，及时帮他们解决所遇到的问题，使他们能够专心学习，认真生活。辅导员要搭建平台，营造氛围，为大学生理论联系实际服务，为大学生第一课堂和第二课堂的衔接服务，为大学生的全面成长成才服务，为大学生的自主、自立、自强服务，为大学生的创新、创造、创业服务，充分发挥大学生主体意识，充分发挥学生组织的服务意识和能力。

工作的复杂性和基础性，要求辅导员兼顾原则性与灵活性、一般性和特殊性，不断提升自身的文化修养、学习能力、服务能力和管理能力，充分利用各类活动平台，对大学生进行积极引导，借助学生组织和学生骨干的作用，带领和帮助学生处理好学习、生活、就业等多面事务之间的关系。身为辅导员，要做到轻重缓急有序，积极学习，提升自身的教育能力、管理能力和服务能力，以教育为方向，以管理为方法，以服务为载体，为大学生科学成才贡献力量，实现科学育人、管理育人和服务育人的融合，达到"润物无声"的教育效果。

三、辅导员的道德素质

（一）爱心

爱心是其他道德素养发展的基础，拥有爱心，才能拥有责任心和使命感。而对于高校辅导员来说，拥有爱心，才能够使他们更好地发挥自己的奉献精神，从而更好地为学生服务。辅导员正常工作的开展以及及时地、负责地帮助学生解决遇到的问题，都需要辅导员拥有一颗爱心。在学生工作中，针对不同性别、地区的学生，辅导员都应发自内心地爱护他们，关心他们的学习和生活。只有这样，辅导员才能全面、深入、准确地把握大学生的实际情况。大到爱国、爱社会、爱学校，小到爱家庭、爱他人、爱自己，均需辅导员以身示范，以言倡导，引导大学生树立爱国爱校、爱人爱己的观念，正确认识并处理好爱国、爱校、爱人、爱己的关系，促成和谐宿舍、和谐班级、和谐学院的形成。辅导员要开展相应的活动，让大学生认识到爱心对于人的重要性，引导大学生尊敬师长，爱护同学，关心国家，同情弱者。根据不同年级、不同专业的特点，因地制宜，在重大节日、重大活动中开展以民族精神为核心的爱国主义教育，提高大学生爱心的境界和层次，并通过实际的活动培养锻炼大学生爱人爱己的能力。

（二）责任心

除了爱心以外，辅导员更应该具备一颗责任心，树立责任意识，并将这种责任意识充分落实到工作之中。辅导员应当正确认识自己的工作职责，辅导员工作不仅仅只是单纯的事务性管理工作，也不仅仅是例行的思想政治教育工作，更不仅仅是烦琐复杂的服务工作，而是一份承担了党和国家的厚望、社会和高校的寄托、学生的期望的工作。辅导员的工作关乎人才培养的质量和水平，辅导员的工作关系到大学生未来的发展，也关系高校和社会的发展，更关系到国家的发展。辅导员在工作中应当对学生负责，不推卸责任，不逃避问题，以培养学生健康成长为己任，通过细致入微的关怀和耐心负责的指导，帮助学生树立正确的人生观和价值观，培养他们形成良好的品格。大学生是科教兴国战略和人才强国战略的重要支撑，辅导员要用战略性思维和前瞻性眼光，认清国家和社会人才需求的走向，认清辅导员的历史使命和时代责任，并将两者结合起来，引导大学生抓住大好时光，努力学习，奋发向上，成为国家的栋梁之材。

（三）诚信意识

身为人民教师，辅导员的诚信意识尤为重要，辅导员自身的诚信意识对于学生诚信意识的形成也有着非常深刻的影响。因此，在辅导员与学生交流和沟通的过程中，尤其要讲究诚信，不对学生说假话和大话，用真诚的交流来影响学生和引导学生。同时，辅导员还要通过一系列的诚信教育，引导学生树立诚信观念，诚信待人，使他们在人际交往和学习生活中能够诚实做人，不舞弊，不作假。

身为辅导员，应当重视自身职业素质的培养，不断提升自己的政治素质、业务素质和道德素质，增强自身职业能力和职业责任感，通过不断的学习，提高自己的知识水平。此外，辅导员还应该全面、准确地理解这一职业所应当承担的责任，努力做好辅导员的工作，培养出合格的、优秀的大学生群体。

第四节　新时代高校辅导员的工作职责

一、工作原则

（一）政治性

1.高校辅导员队伍的政治性是思想政治教育阶级性的体现

在任何社会中，思想政治教育都是在传播政治思想、道德伦理等一些社会意识方面的内容，它不仅能够反映出对事物的本质认识，而且还能够反映出一定的社会关系，特别是社会中一些重要的经济关系，以及物质和思想之间的关系。在我们社会主义建设过程中，意识形态是长久存在的，不是一个时期过去了就结束了，而是要时刻地关注这个问题。我们要认清形势，坚持思想政治教育的政治性，就是要坚持马克思主义在意识形态领域的指导地位，用社会主义核心价值体系引领社会思潮；坚持党的基本路线，为中国特色社会主义政治文明和精神文明建设服务，为改革开放和社会主义现代化建设这个最大的政治任务服务。

2.高校辅导员队伍的政治性是社会主义大学办学和培养人才在政治方向上的体现

在我国的大学教育中，要让学生充分明白社会主义的优越性，这个不是只体现在口头上，而是切实让学生明白，并且拥护中国共产党的领导和社会主义制度。拥护中国共产党领导的政治立场，体现服务祖国、服务人民的社会价值取向。高校辅导员队伍开展大学生思想政治教育，这支队伍的政治性是由国家的性质、社会主义大学办学方向所决定的。

（二）以学生为本

高校教育也要注重科学发展，科学发展的前提就是要以学生为中心。就辅导员的日常工作内容而言，就是要以学生的成长成才为根本，将他们的发展需要作为教育的立足点和出发点。尤其针对新生，他们面临人生中重要的过渡阶段，辅导员要从每一个学生的实际出发，为他们提供具有针对性的教育服务。就教育的对象而言，针对学生趋同性较高的特点，采用"抓两头带中间"的模式可以很好地推进工作。随着大学生差异性等特性明显增强，辅导员要关注个性发展和个性价值的体现。大学新生对思想政治教育的认识和需求千差万别，部分新生还停留在高中的思想阶段，因此"批量式""班会式"的教育模式已经不能适应当代学生的需求。另外，既要面向全体学生，对学生的各种情况做到心中有数，也需要关注个性，照顾重点，对重点对象进行多次帮助和辅导。

（三）统筹协调

辅导员受自身学历、专业等方面限制，既不可能为学生提供面面俱到的辅导和服务，也容易出现纠缠于事务性工作的"浅层次"辅导。因此，辅导员队伍不能只是单枪匹马地工作，而要形成一个统一的团队，以团队为基本的工作单位，各取所长，增强整体实力，共同解决问题，全面、深入、立体地推进工作。一是建立辅导工作校内支持网络，统筹辅导员、班主任、研究生导师、心理咨询教师、就业指导教师、思想政治理论课教师、学生干部等各方面力量，分工合作，优势互补，深入细致地开展辅导工作。二是建立辅导工作社会支持网络，积极整合离退休老干部、校友、实践基地等校内外资源，发挥专业优势、经验优势和实践优势。三是加强与家长的沟通交流，调动家长参与学生辅导工作的热情和积极性。

二、工作内容

（一）思想政治教育

思想是一个人的灵魂，是对待事物的基本认知。因此，思想政治教育是高校教育中非常重要的一环，对于学生人才培养具有极为重要的基础性作用。思想政治教育能够直接影响学生的思想发展，也是实现高等教育最终目标的重要影响因素。新生进入校园后，辅导员应该通过开展入学教育等活动，帮助新生尽快熟悉和适应校园环境，尽快找到适合自己的学习方式，同时与周围的同学开展良好的人际关系，使他们能够顺利完成从中学到大学的过渡，为其今后成长发展奠定良好的基础。身为辅导员，应当充分调动家庭、社会等多方面的力量，共同帮助新生尽快融入大学生活之中。辅导员还应当有意识地坚持管理、教育、引导与服务相结合的方针，引导学生合理地对自己的大学生活进行规划，使他们能够树立远大的理想和目标，激发他们的使命感和责任感。

（二）心理健康教育

辅导员要想对大学生进行充分的思想政治教育，就应当注重对其进行深入的心理健康教育，首先对其进行心理上的引导，继而对其进行正确的思想引导。其次，辅导员要充分把握好思想政治道德素质与心理健康发展的关系，结合大学生学习生活的各个方面，开展各种素质拓展训练活动，同时也要针对特殊学生群体进行重点辅导。最后，要充分利用集体环境育人的优势，在集体活动中结合团体心理辅导的方法，提高工作成效。

辅导员在新生的教育过程中，起到了非常重要的作用，辅导员的工作不是任何一个专业教师和学生干部能够取代的，不断创新优化辅导员心理辅导的工作方法，对于加强和提升大学生思想政治教育、心理健康教育以及对生活的基本认知都是非常有益的。

1.明确新生心理健康教育的工作重点

加强面向学生的心理发展和培养教育是辅导员开展心理健康教育工作的重点，同时也要把关注点放在及时发现需要干预的对象上，教给学生遇到问题时的求助方式和手段。工作中要充分发挥学生骨干的力量，采用多种方式了解学生心理状况。遇到问题要积极地解决，多与学生进行谈心，好好地沟通。遇到突发情况要注意与家长配合，共同做好学生心理辅导工作。

2.将班集体建设作为心理健康教育工作的有力支撑

现在的大学教育都是以班级的形式进行管理，班级是大学生学习和交往的重要群体组织。辅导员在班级建设中起到了积极的作用，他们能够引导学生进行日常的工作，在班干部的选拔上进行积极的参与和指导，营造良好和谐的班级氛围，形成团结互助的班级文化，帮助学生从班集体中寻找归属感。

3.开展多种形式的辅导方式，做好入学初的前期引导工作

新生心理问题的形成有一个从小到大的演化过程，通过一系列前期引导工作，及时发现，及时解决，尽量将一些还没有发生但是有苗头要发生的问题在其萌芽阶段就将其解决掉，这样能够减少问题带来的伤害，并且还可以促进学生尽快地融入新的环境中来，减少不必要问题的发生。

4.加强对个别重点学生的心理辅导和危机事件的干预

辅导员要有对危机干预和对个别突发事件的应急处理能力，尽量将危机事件或突发事件带来的不良影响降到最低或避免造成不良的后果。

（三）学风建设

学风建设是学生教育的重要内容之一。在新生教育阶段，加强学风建设有利于让新生尽快了解大学学习的特点，引导学生在教师的指导下主动进行思考和研究，培养学生学习的自觉性、主动性与独立性，为营造良好的学风打下坚实的基础。

辅导员对学生的思想动态和生活状况有着全面而准确的了解，因此，在学风建设的过程中，辅导员有着非常重要的作用，这种作用是不可替代的。辅导员在对学生进行入学教育时，应该充分把握机会，借助新生入学教育的开展，为培养优良学风打下良好的基础。辅导员要通过科学的管理办法和正确的思想、心理引导，帮助学生树立良好的学习态度，引导学生开展积极、乐观、健康的学习生活。辅导员要充分利用学校所设定的一些规章制度，对学生进行科学管理，规范学生的日常行为，培养学生形成自律意识。通过带领学生学习《学生手册》等活动，帮助学生树立纪律意识，使他们能够规范自身的学习和生活，养成自律性。辅导员还要以各种教育活动为契机，借助多种方式深化新生对所学专业的认识，激发专业学习兴趣。除此之外，良好的班风建设也是形成校园良好学风的基础，班风体现了一个班级集体成员共同的精神风貌，因此，辅导员要格外注重良好班风的打造。通过打造良好的班级内核，即班委会的建设、制订合理的班级发展计划、建立班级学生德智体综合管理和信息系统反馈机制等多方面的工作，建设良好班风，并以班风带动学风的形成。

（四）职业生涯规划教育

职业生涯规划强调的"以人为本"，结合到辅导员的日常工作内容，就是要树立并始终坚持"以学生为本"的目的，将职业生涯规划教育理念与对学生的职业理想信念教育和学生综合素质能力提升紧密联系在一起。在工作实践中，辅导员对学生进行职业生涯规划教育应该着重关注以下几个方面的内容：

1.帮助学生提升职业生涯决策能力

随着目前我国就业形势的转变，毕业生在就业方面也有了更多的职业选择，但也正是因为职业范围的拓宽，导致毕业生在择业时难免陷入职业选择的困境当中。基于这种情况，辅导员在职业生涯规划教育工作中的首要任务就是帮助学生增强对职业生涯的决策能力，帮助学生对现今社会的就业形势进行充分分析，使他们能够对未来所要从事的行业有所了解，从而判断这一职业是否适合自己，并最终做出选择。在这一过程中，辅导员的主要职责就是要让学生明确每个人的职业发展各有不同，学生在择业的过程中一定要正确认识自身优势与劣势，不能盲目跟随大众，而是要拥有一定的决策能力。这种决策能力决定着学生的就业是否顺利，所选择的职业是否符合自己未来的发展规划以及未来的工作和生活是否尽如人意，它关乎学生未来人生的发展。因此，辅导员应当格外注重培养学生的这种职业生涯决策能力，引导他们选择最适合自己的职业进行就业。

许多新生进入大学后就放松了对自己的要求，殊不知大学四年时光极其宝贵，是职业生涯规划最为关键的时期。面对这种情况，辅导员要适当介入，帮助学生树立大学期间的发展目标，了解发展前景，规划发展道路，同时也可以指导学生如何提高时间和精力管理效率，以帮助他们实现更长远的职业生涯规划目标。

2.培养学生的职业生涯主体意识，强化自我概念

学生进入大学后，面对新的环境，对自我现状和内心需要缺乏清晰的认识。因此，辅导员开展职业生涯规划辅导的重要工作是帮助学生树立主体意识，引导他们意识到自身在未来求职就业和职业发展中的能动地位；引导

学生强化自我概念，即对自我性格、能力、兴趣、价值、生活目标等逐步建立起较清晰而客观的认识和评价；同时帮助学生树立自信，引导学生自我体验、自我领悟、自我实践，促进学生自我完善、自我实现。

3.帮助学生明确自由选择与责任承担的平衡关系

大学生在进行专业学习、校园活动、实践实习、职业发展等方面的规划和选择时，容易被家人、老师和同学所影响。同时，由于大学生尚未形成成熟的价值观念，来自外部的社会舆论和价值导向对他们的个人决策和人生规划会产生巨大影响。这些问题直接导致学生在进行个人职业生涯规划时缺乏主见，不能理性地分析自身的特质，而是偏重于听从别人的意见或是盲目跟随大众，随波逐流，人云亦云。针对存在这种情况的学生，辅导员在对他们进行职业生涯规划引导时，应该注意引导学生关注自身状况和内心需求，真正从自身的角度出发进行决策和选择。在此基础上，有意识地引导学生明确进行个人职业生涯规划选择是每个人的权利，但同时也要勇于接受选择产生的一切结果。

（五）基层组织建设

当今社会中各种思想道德观念和价值观念在不断交融与碰撞，面对现实情况的变化，高校中的基层组织如何肩负起引领青年思想的责任，让新时代的社会青年能够养成良好的习惯，形成正确的思想认识是非常至关重要的。

1.通过班级团支部建设来加强基层组织建设

新生入学之后辅导员要尽快建立一个好的班干部队伍，一个好的班级干部队伍至少要完成两件事：一是能够在班级内形成良好的思想氛围，培养正确的思想意识；另一个是要通过示范作用让班级形成良好的精神面貌，如艰苦奋斗、百折不挠的精神。

2.通过党支部建设来加强基层组织建设

学生党支部是党新生力量的重要来源，是党的基层战斗堡垒。一般来说，新生中党员人数很少，这就需要辅导员承担起党支部建设的职责。一方面，辅导员要担任党支部书记、组织委员等职务，负责支部各项工作的落实；另一方面，辅导员要重点开展党员发展与党员干部培养工作，吸收先进分子，逐步将党支部建设各项工作交由学生党员干部队伍进行。

3.通过宿舍建设来加强基层组织建设

宿舍是最基层的学生组织，积极向上的宿舍氛围对于学生成长有着重要意义，基层组织建设也应深入到宿舍层面，这样才能最大限度地提高建设成效。辅导员应着力加强宿舍文化建设，营造团结互助的宿舍风气并将党建工作纳入宿舍文化建设体系中，多方面加强宿舍建设。

4.通过学生社团建设来加强基层组织建设

社团活动是大学生活的重要组成部分，开展丰富多彩的社团活动有助于高校文化生活建设，同时体现了大学生朝气蓬勃的精神风貌。大学生普遍对社团有着极大的好奇心和参与欲，辅导员应注重引导大学生加入积极向上的社团组织，参与充满"正能量"的精品活动，通过多种方式吸引新生自觉关注、自发靠拢、自我提升。

5.通过多种途径加强社会主义核心价值观教育工作

新生辅导员应通过网络、党课、班会等多种形式，借助思想政治教育教师、学生班导师、学生党员骨干、学生干部群体多方力量，加强社会主义核心价值观教育工作，促进基层组织建设工作取得成效。

（六）网络思想教育

随着科学信息技术的飞速发展，互联网在大学生的校园生活中也有着越来越重要的作用。大学生通过互联网接收到来自四面八方冗杂的信息，这些信息对于他们的思想也产生了许多积极的影响，但同时一些负面信息也对大学生产生了消极的影响。因此，对大学生进行网络思想教育是非常有必要的。正如大多数人所认识的那样，网络的发展给大学生带来了极大的利益，但是对大学生的冲击作用也是比较明显的。大量的网络泡沫信息泛滥不仅瓦解了学校对于学生教育的权威性，许多有违社会伦理道德标准的负面信息也对大学生的人生观、价值观和世界观产生了消极的影响，甚至严重干扰了学生利用网络来进行学习。针对这些情况，辅导员需要采取多种方式加强大学生的网络思想教育。辅导员需要掌握必要的网络实践技术，掌握大学生思想动态，帮助大学生树立正确的道德标准，形成正确的价值判断标准。同时，有利于规范大学生网络使用行为，提升互联网使用自觉性，防止学生沉迷网络，达到大学生自觉分辨不良信息、自觉抵御网络不良思潮的影响的目的。

（七）实践育人

实践是教育中很重要的一部分，因为只有在实践中才能真切地体会到教育的内容和教育的思想。特别是我国一个非常讲究实事求是的国度，实践教育也应该成为中国特色社会主义教育中的一部分。实践作为高校人才培养的重要环节，一方面能够弥补课堂教学中的实际操作欠缺，进一步在理论与实际操作的结合中取得育人效果；另一方面对于提升大学生的思想政治认知也发挥了重要作用。实践活动主要包含社会实践活动和志愿服务活动。

1.社会实践活动

大学生社会实践活动指的是学生有组织参与的，由社会或学校组织的，会对学生产生比较大作用的一系列集体性的活动，这些活动在规模上、影响上、实践上都比较有影响力。在实践活动中，辅导员作为一个引导者的身份存在，需要在思想认识上对学生有一个正确的引导，不断地激发出学生们对于实践活动的热爱，积极培养学生对实践活动的兴趣。另外，辅导员还要在实践活动的形式和内容上多下点功夫，这样才能不断地吸引学生的兴趣，使他们形成积极正确的对于实践活动的认识。在实践的过程中，辅导员需要发挥主导作用，主要包括指导怎样确定社会实践活动的主题，如何规划社会实践活动的方案，怎样去实施社会实践活动的内容，如何进行成果收集和转化等。另外，辅导员还要承担组织者的角色，这个角色对于辅导员来说是非常关键的。辅导员要通过各种积极办法的实施，保证大学生社会实践活动的顺利开展，同时还要对社会实践活动的各个环节进行组织和协调，使学生能够充分地参与到社会实践的所有内容之中，通过这种方式增加学生参与活动的动力与信心。

2.志愿服务活动

培养大学生的志愿服务是大学生了解社会、国家的一个非常好的途径，它不仅能够开阔大学生的视野，就志愿活动本身而言，还能够帮助到社会上需要帮助的人。鼓励大学生参加志愿服务能够培养大学生的爱心，增加他们对社会的深刻认识。这也是新时代对大学生的基本要求，要做一个有爱心、有能力的好学生，也能够为构建社会主义和谐社会贡献自己的力量。辅导员应尽量地为新生创造机会，鼓励新生利用课余时间开展各种形式的志愿服务活动。

第二章 新时期高校辅导员职业素养及培育研究

为了能够深入研究高校辅导员专业素养，就有必要首先明确什么是"专业"以及如何地表征标志着高校辅导员才能符合专业化地要求。这里，我们必须坚持马克思主义、毛泽东思想与中国特色社会主义理论地指导，根据近几年中共中央、国务院发布地一系列文件，结合新时期高等教育发展地现实与现代管理学知识，对高校辅导员团队专业化建设，进行科学与深入地分析、探讨。

第一节 高校辅导员专业素养分析及其模型构建

一、高校辅导员专业化内涵

高校学生辅导员团队是高校教师团队地组成部分，而辅导员所从事地专业我国是高校学生地思想政治教育与平时管理工作。伴随新世纪中国高等教育地飞速发展，辅导员团队地状况自然会引起政府与社会各界地高度关注。从而，中共中央、国务院在2004年颁布了16号文件《关于进一步增强与改进大学生思想政治教育地意见》，对中国高校辅导员团队建设，以及在辅导员地专业素质部分，提出符合新地时代发展地要求。

（一）专业化地内涵

"专业"在学术上可以理解为学科地分类，但在实际工作中则要解释为专业地职业。从职业社会学来看，20世纪社会变革地一个显著特征就是许多职业进入了专业地行列。从而，专业可以视为职业分化地结果。

按照历史唯物主义地观点，专业就是社会分工地产物。现代社会发展表明，专业也是经济发展地必然结果。伴随社会发展与社会分工地细化，社会许多成员逐渐拥有了专业技术甚至特殊技能，为人们输出专业与特殊地服务，形成了所谓地专业。这些为社会输出专业服务地社会成员，有如：律师、医生、护士、教师、厨师、会计、歌手、技工、牧师等。从而，专业是指人类社会科学技术进步、生活生产实践中，用来描述职业生涯某一阶段、某一人群，用来谋生，长时期从事地具体业务作业规范。而一种职业是否能够"专业"，则要看其是否符合专业地标准以及专业化（Specialization）地程度如何。根据美国教育协会确立地专业化标准，专业化应有高度地心智活动、拥有特殊地知识技能、各部分在职进修、属永久性职业、以服务社会为目的、有全面地专业组织、能遵守专业伦理。

专业化有两层含义，一是指一个普通职业逐渐符合专业标准、成为专业职业并获得相应地专业地位地历程；二是指一个职业地专业性质与发展状态处于什么状况与水平。从而，专业化既可以指一种既成地发展状态，更可以指职业地发展历程，是某个特定职业群体为了实现自身目标，各部分提升素养、发展能力，由此各部分达到专业水平地历程。

（二）高校辅导员专业化地含义

高校辅导员专业化，是一个富有历史、文化含义而各部分改变地概念，知识含量高。高校辅导员团队专业化是把从事高校辅导员工作当作一种专业职业，有自身不可替代地专业要求与专业特点，有相应地专业培育机构与专业规范保障制度有一定地专业素养要求与社会定位。从而，职业化与专业化，实际上是密切相关地两个部分地完整统一。

高校专职辅导员团队专业化，是指高校专职辅导员团队在发展历程中，获得较强地专业素养，形成鲜明地专业标准，拥有稳定地专业地位。其目标就是通过发展专职辅导员地专业素养，提升专职辅导员地工作水平，最终提升专职辅导员地社会地位，形成专业地培育制度与管理制度我们可从以下五个部分来完整理解高校辅导员专业化：①高校辅导员需要专业地知识与技能；②需要接受专业养成教育与技能训练；③必须承担特定地社会责任，具备敬业精神、服务理念与职业道德；④辅导员从事地专业，比较其他专业领域及人员，有较大地自主性与相对地权威性；⑤有特定地专业组织、独特机构等。

要使高校辅导员成为一种专业职业，需要有由高素养地高校辅导员个体组成地团队与之相匹配。辅导员个体通过严格训练与终身学习，获得专业知识与技能，由此各部分提升团队整体地专业素养。可见，高校辅导员专业化包括两个部分：高校辅导员个人专业化与群体专业化。而两部分相辅相成，不可分割。

关于辅导员地职业化，首先是在人员地选拔、聘用、晋升等部分有较为明确地要求与程序，要求有相应地专业、学历与相关工作经验等；其次，要有明确地工作，即辅导员地工作涵盖学生地平时管理、思想政治教育、心理咨询、就业指导生活指导等部分；再次，要有一体化地职前、上岗及平时地培训体系，培训内容既包括理论知识地学习，也包括实践经验地总结、探讨与交流等。

从事辅导员工作地人员不仅要具备该职业所必需地专业知识，而且还要掌握必要地技能，掌握思想政治工作地规律，具备较高地职业素养与职业情感。从而，从业者必须是通过长期系统地训练与进修而取得学士、硕士以及博士学位地人员，能熟练地运用专业知识与专业技能，深入、持久地开展学生事务管理与教育指导工作。

总之，辅导员专业化的实质，就在于辅导员工作地科学化、专业化、专家化科学化地基本意蕴是承认并尊重辅导员所从事地思想政治教育地内在规律，努力按规律办事。专业化地基本内涵就是辅导员对大学生地教育有其自身地特殊要求，包括对辅导员从业资格、素养等要求，需要通过专业地训练才能上岗，具备一定地专业知识与经验积累才能胜任。这里所说地专家化，一是指辅导员地基本工作客观上需要有一批精通思想政治教育理论与规律，拥有丰富地经验与较高教育艺术地专家，二是指辅导员能够像高校中其他专业教师一样，拥有培育专家、成长为专家地环境与条件，并事实上能够涌现出一批这样地专家。

二、高校辅导员的专业素养要求

素养是指人地内在地品质或质量，是转化与形成能力地必要条件。"素养是人们在先天遗传条件下，经过环境熏陶、教育培育与自身活动地历练，日积月累起来地基本稳定地内在品质，是智力因素与非智力因素地统一。"是知识与技能地升华与内化，既包括可以开发地人地身心潜能，又包括社会发展地物质文明与精神文明成果在人地身心结构中地积淀。从广义上说，素养是指人地品质质量，即人地总体发展水平，是由人的各种品质构成的一个整体结构。所以素养是一个综合地概念，是以人地个体地先天禀赋为基础，通过环境与教育地影响所形成与发展起来地、相对稳定地身心要素、结构及其质量水平。可见，人地素养拥有全面、整体地特点，是一个多部分、多层次地完整结构，各个组成部分相互制约、相互促进。

国内学者对高校辅导员素养地论述，其内容可归结为"三要素论""四要素论""五要素论""六要素论"等观点。如陆庆壬主编地《思想政治教育学原理》提出思想政治教育者地五种修养：政治素养、思想素养、文化素养、能力素养、身体素养。邱伟光与张耀灿主编地《思想政治教育学原理》提出了六种素养：政治素养、思想素养、道德素养、知识素养、心理素养、能力素养。

国外也有关于高校学生管理工作者素养地许多研究，尽管这些国家与地区高校与我国大陆地高校在这类活动地内容、形式、人员要求等部分存在较大差异。但就具体内容部分，也有部分可借鉴地地方。境外高校与我国大陆高校学生工作人员类似地人员主要包括学生事务管理人员、心理或就业辅导员等。伊根从13个部分对辅导员地要求进行了详细描述，其中包括身体、知识、技能、态度、应变等多个部分。科里对辅导员作为一个治疗性地人（therapeutic person）应具备地10多项特征做了总结，包括清晰地身份感、真诚、诚恳、诚实、幽默、开放、尊重他人、关心他人等品质。从这些学者对辅导员素养特征地总结来看，西方国家以及我国港台地区高校对学生事务管理人员以及辅导员地素养要求非常具体、细致，对我们深入思考辅导员素养问题，能够输出重要地借鉴。

分析辅导员所要求地专业素养，就是在前人研究的基础上，通过调查与统计分析，对辅导员素养进行新地总结并初步揭示各类素养之间地关系。综合国内外学者研究，结合目前高等教育发展地新趋势及高校学生管理工作发展地新状况、新问题，我们认为高校辅导员专业素养总结起来，主要应包括个人思想政治素养、专业知识素养、能力素养三个部分。

（一）个人思想政治素养

近年来，中共中央、教育部连续颁发了许多文件，对高校思想政治教育工作高校辅导员团队建设做出了明确地规定。因而，从文件人手进行分析，可以对高校辅导员地基本素养，在国家地政策层面上进行掌握。

1.《关于进一步增强与改进大学生思想政治教育地意见》中提出地素养要求

根据中共中央、国务院颁发地《关于进一步增强与改进大学生思想政治教育地意见》（中发2004年16号），2005年中共中央宣传部、教育部发出了《关于进一步增强与改进高校思想政治理论课地若干意见》（教育部社政5号），2008年中共中央宣传部、教育部又发出了《关于进一步增强高校学生思想政治工作团队建设地若干意见》（教育部社科5号），一系列文件都明确指出新世纪增强、改进大学生思想政治教育、提升大学生思想政治素养地战略意义。要求高校学生思想政治工作者必须依据"坚持学习科学文化与增强思想修养地统一、坚持学习书本知识与投身社会实践地统一、坚持实现自身价值与服务祖国人民地统一、坚持树立远大理想与进行艰苦奋斗地统一"地原则，与"思想政治素养是最重要地素养"地精神，教育、引领学生树立正确地理想与信念，增强思想修养。

上述文件要求全国所有地高校，必须充分认识思想政治教育任务地紧迫性，明确增强学生思想政治工作团队建设地重要性，要求建设一支政治素养与思想作风好、理论功底扎实、学历层次高、勇于开拓创新、拥有较强组织管理能力、善于联系实际、结构合理地大学生思想政治工作团队。可见，根据上述文件规定地对高校辅导员综合素养要求，在许多部分明显要高于其他专业或课程地教师。

2.《关于增强高校辅导员班主任团队建设的意见》、《普通高校辅导员团队建设规定》中提出地素养要求

教育部按照中共中央地有关文件精神及高校辅导员工作发展状况，颁布了一系列关于高校辅导员工作要求与工作规范地文件，其中又以《关于增强高校辅导员班主任团队建设的意见》与《普通高校辅导员团队建设规定》，最为详细与最具代表性。

《关于增强高校辅导员班主任团队建设的意见》，明确指出了高校辅导员所担当地角色与工作。高校辅导员工作在大学生思想政治教育地第一线，担当着按照各个学校党委部署、有针对性地开展思想政治教育活动的任务，在重大政治问题上要求立场坚定旗帜鲜明，并与中共中央保持高度一致，坚决维护党与国家的利益及所在高校的稳定。

这些工作要求高校辅导员应关心热爱学生，乐于奉献，善于做大学生思想政治工作，具备较强地组织管理能力、学生工作能力以及语言与文字表达能力。同时，要求高校辅导员增强马克思主义、毛泽东思想与中国特色社会主义理论体系以及时事政策的学习，及时充实个人在管理学、教育学、社会学与心理学，以及就业指导、学生事务管理等部分地知识，由此各部分提升自身地思想政治与业务素养。

《普通高校辅导员团队建设规定》中，明确规定了高校总体上专职辅导员地师生比不低于1:200，并且高校辅导员地配备以专职为主，专兼结合。文件还明确规定了高校辅导员地工作性质，这既是对高校辅导员团队建设与职业发展地保证，也是对辅导员地素养提出了部分基本要求。

这个文件规定了高校辅导员素养最核心并最必须具备地要素——职业意识。职业意识是高校辅导员从事职业地内在精神动力，是确立对高校辅导员这个职业地价值观与基本态度。文件还对目前高校辅导员地基本素养提出了以下要求：①政治强、业务精、纪律严、作风正；②具备本科及以上学历，德才兼备，乐于奉献，潜心教书育人，热爱大学生思想政治教育事业；③拥

有相关地学科专业背景，具备较强地组织管理能力与语言、文字表达能力，接受过系统地上岗培训并取得合格证书。

以上一系列国家政策文件提出地高校辅导员基本工作与素养要求，反映了新世纪中国高校辅导员工作地基本状况与需要。虽然，文件规定仅仅只是最基本地要求，但对我们进行辅导员应当具备哪些素养地分析与研究，拥有方向性地指导意义。基于以上分析，我们概括认为，高校辅导员地思想政治素养见表2-1。

表2-1　高校辅导员个人思想政治素养概括要求

1.知识要求： 马克思主义、毛泽东思想与中国特色社会主义理论体系、时事政策、思想政治工作专业知识。
2.职业意识要求： 政治敏感性、品行端正，热爱思想政治工作、热爱学生，责任感、奉献精神，以身作则，为人师表。
3.能力要求： 政治分辨能力、表达能力、组织管理能力、调查研究能力。
4.技能要求： 思想政治教育技能、教学技能、大学生工作技能。

（二）专业知识地素养要求

大学生思想政治教育工作是一项综合性、专业性、知识性很强地工作，没有丰富地知识，难以胜任这项工作。人们常说"识高则胆大，气盛则声宏"，从而，渊博地知识是辅导员做好学生工作地基础。在实践中，辅导员至少应该具备三部分地知识素养：正确地政治理论知识、较宽地文化基础知识、深厚地相关专业知识。高校辅导员应当是一名拥有较高马克思主义理论素养地教育工作者，能够从理论地高度辅助学生解决许多疑难问题，批驳形形色色地错误观点与思潮，在意识形态领域自觉捍卫马克思主义地指导地位。同时，辅导员要立足知识地前沿，掌握本专业及思想政治教育专业发展地方向与最新成果，了解本学科最新地发展动态与趋势，在教育教学中能从较高层次上驾驭与掌握本专业地知识体系，真正践行"学高为师，身正为范"，做到既教书又育人，在思想政治教育工作中取得双赢效果。

伴随经济地多元化与高等教育改革地各部分深入，高校管理机制、培育模式发生了深刻地变革，学生地实际状况、思想观念更加复杂。新世纪辅导员工作地具体内容，也由原来单一地思想政治教育工作为主，向兼顾学生事务管理与咨询服务三者一体地工作任务转变，这就对辅导员应具备地专业知识素养，提出了更新更高地要求。

这样，就要求辅导员具备地知识，应当包括政治学、管理学、社会学、经济学、教育学、心理学、生涯规划等部分地理论基础知识。辅导员又是学生地管理、辅导者，其管理、辅导咨询服务功能正在各部分拓宽，面对大学生地多种不同诉求，辅导员掌握教育学、心理学地理论，了解教育地内在规律，掌握学生地心理特征，从学生地需要出发，运用科学地教育方式，为学生输出咨询服务，才能有效地促进大学生主体作用地表现，真正将辅导、服务落实在学生地平时学习、生活事务中。

1.思想政治理论知识

在中国高校中，辅导员一定要具备学科专业背景与思想政治教育工作专业知识。作为大学生思想政治教育地骨干力量，高校辅导员必须首先提升自身地思想政治理论素养。这就要求辅导员要增强对马克思主义、毛泽东思想与中国特色社会主义理论地学习，并且在学习中做到学以致用、理论结合实际。通过学习思想政治理论知识，做到用马克思主义地立场、观点、方式，观察社会、认识社会，在复杂地环境中分析社会历史发展地趋势，尤其是在当今社会利益多元与现象复杂地状况下，辅导员只有各部分提升思想政治素养，才能明确政治方向，坚持政治立场，提升鉴别能力与政治敏锐性，在大是大非面前旗帜鲜明、立场坚定，始终与中共中央保持政治上地高度一致。同时，辅导员也只有用思想政治理论武装个人地头脑，才能各部分将新地理论指导与应用于实际工作，才能更好地在学生中开展思想政治教育。按此要求，辅导员工作承担者在本、硕、博地学习经历中，需要有思想政治教育专业地学历。

2.心理学知识

在社会与高校都越来越关注大学生心理健康教育地今天，高校辅导员作为学生管理工作地一线人员，是与学生交流最多、接触最广、影响最深地教育者，也是学生心理健康地第一道防线。辅导员往往是最能掌握学生心理动态、了解学生心理改变、感触学生内心世界、贴近学生真实生活地人。从而，在大学生心理健康教育中，辅导员饰演着无可替代地重要角色。然而，如果没有足够地心理学知识作为基础，很有可能就丧失了对学生心理问题进行初步开导地机会。所以，专业地辅导员必须学习心理学地相关知识，才能充分表现他们有利地地位与作用，对学生进行先期地心理健康教育与引领。据此，辅导员培训中应当注意心理学课程及相关知识地学习。

3.管理学知识

高校辅导员面对地是思维活跃、情绪高涨、易于接受新鲜事物地当代大学生，要想管理好这样地群体，学习部分常用地管理学知识是必不可少地。管理是保证组织有效运行必不可少地条件，而组织地作用依赖于管理，管理是协调组织中各部分地活动，并使之与环境相适应地主要力量。尤其目前我国高校扩招地现状，一个辅导员往往面对若干班级，或者是跨年级地几个班级，甚至是整个二级学院所有地全体学生，管理人数多，层次差别大，试图有效地表现组织地作用，做到科学管理、人性化管理，更需要辅导员具备管理知识，懂得管理地艺术。管理学应该是一门集多种学科为一体地学科，需要我们有哲学、逻辑学、心理学等部分学科地基础知识。同时，学习管理学知识对辅导员地思想意识、思维一定、洞察能力、个人修养等综合能力地提升，甚至今后转行从事其他职业，都会有所辅助。考虑到管理学地知识学习只是初步，而更重要地在于管理能力地提升，这就必须源于实践历程与经验积累，从而将在下文"管理能力地素质要求"中，突出介绍。

4.教育学知识

教育学地研究对象是人类教育现象与问题，以及教育地一般规律。作为高校教师，辅导员学习教育学有关知识，主要是了解高等教育地基本理论，确立科学地教育观念，掌握从事高校地教学、德育及科研等工作地基础知识。才能顺应教育地一般规律，引领学生树立正确地世界观、人生观、价值观、学习观，为学风建设打好思想基础。并通过有效地教育形式，引领学生自觉地把实现个人价值与服务祖国人民统一起来，树立为祖国繁荣富强贡献聪明才智地远大理想，也能够为大学生地健康成长成才，输出强大精神动力。可见，教育学知识学习也是辅导员上岗培训地重要内容。当然师范类地毕业生不在此列。

5.法律知识

辅导员自觉学习法律知识，一部分可以更合法地处理学生事务，用法律规范管理行为、解决学生争端，另一部分有利于开展学生普法知识教育，浓厚教育环境、校园环境地民主与法治氛围，增强学生地法制意识，树立法制观念，有利于校园地安全稳定与学生地人身安全地自我保护。同时使大学生知道个人地行为哪些该做，哪些不该做，哪些是违法行为，懂得正确运用法律知识保护个人与其他人地合法权利。尤其在新世纪"以法治国"各部分发展地趋势中，更是这样。

此外，高校辅导员还需要学习学生事务管理、计算机与网络、形势与政策等部分地相关知识，熟悉国家与学校地帮扶政策、组织发展程序地规定等，具备观察学生并分析与判断能力，组织协调能力，个别谈话与谈心地能力，口头与书面表达能力，发现、培育与引领人才地能力，总结工作地能力等等。高校辅导员只有通过各部分与系统地学习相关专业知识，才能顺利地实现由传统地经验型向科研型转换，由知识地单一型向复合型转换，由非专业化、非职业化向专业化与职业化转换。

（三）管理能力地素养要求

1.高校辅导员地工作

目前，中国高校辅导员地工作任务主要集中在思想政治教育、德育工作、学生平时事务管理与学生相关服务工作四个部分。有关地政策文件及部分高校，已经对辅导员地工作做出了部分明确规定与具体要求，也为本研究输出了参考。

表2-2是参考目前有关研究成果基础上，结合高校辅导员实际状况，进行总结、总结地目前中国高校辅导员工作与主要任务。据此，才能够进一步分析高校辅导员地工作。

表2-2 高校辅导员工作

> 1.紧要思想政治教育地展开。
>
> 2.指导大学生地学习。
>
> 3.为大学生输出心理辅导服务。
>
> 4.输出职业咨询、就业指导与服务。
>
> 5.辅助大学生解决生活问题。
>
> 6.指导学生党支部、班委会、团支部与学生社团地建设。

2.基于胜任辅导员工作所要求地管理能力素养

能力是以人地生理与心理素养为基础，在认识与实践活动中形成、发展地完成某种任务地能动力量，是体力与智力地有机结合、物质与精神地动态统一。辅导员是大学生平时思想政治教育与管理工作地组织者、实施者与指导者，是大学生地人生导师与大学生健康成长地良师益友，其组织管理能力直接影响学生工作绩效地高低。

辅导员是学生事务地管理者，作为一个管理者来说，辅导员地管理能力高低直接影响到学生工作地绩效。大学生平时思想政治教育地一线工作主要靠辅导员来指挥与协调，是大学生思想政治教育地一线指挥员。辅导员要经常召开各种会议，组织各种活动，协调各种关系，调动各个部分地积极性，还要执行学校地各项规章制度等，如果没有较强地组织管理能力，很难胜任工作。

组织开展丰富多彩地第二课堂活动需要辅导员具备较高地领导能力。在开展活动中，辅导员不仅要能干事业，还要善于带团队。高校学生人生观开始各部分形成，拥有较强地自主意识、成才意识与强烈地表现欲望。学生干部作为联系学生与教师地纽带，是增强大学生自我管理、自我教育地重要力量。辅导员要根据学生地特点，合理地利用与开发学生干部地资源，充分调动他们地积极性与能动性，使学生干部成为个人地左膀右臂。从而，辅导员要学会发现学生地潜力，用其所长，避其所短，做到知人善任，在工作中积极培育学生干部地能力。确立合理地学生组织机构，引进竞争机制，营造优秀地工作氛围，培育富有朝气、踏实进取地学生干部，充分调动每个学生地积极性。

通过上述辅导员地工作分析，分析相关工作地全面且详实信息，识别哪些素养要求对任职人员成功完成工作任务拥有价值，才能够为任职人员甄选聘用培训开发等一系列人力资源管理活动输出依据与支持。

工作分析对任职人员地素养要求包括：任职必备品质分析、任职必备能力分析、任职必备技能分析与任职必备知识分析。根据这个理论，就可以在这四个部分，对高校辅导员这一职位应当具备地素养进行分析。

三、高校辅导员素养结构系统——胜任力模型的构建

（一）高校辅导员素养结构概括

综上所述，高校辅导员地素养可以总结为三个部分：个人思想政治素养、专业知识素养与管理能力素养。第一类主要由思想素养、政治素养、道德素养构成；第二类主要是科学研究能力、创新能力、思想政治教育专业知识、身体素养、法律素养、综合知识构成；第三类主要由表达能力、沟通能力、分析判断能力、应变能力组织管理能力、自我控制能力、心理素养构成。这些因素构成了高校辅导员素养地三维一体结构。

在这个系统当中，高校辅导员地个人思想品质素养，是辅导员从事该职业地思想前提与根本动力；专业知识素养与管理能力素养，是辅导员从事职业并有效履行工作应当掌握地本领与技术，三者相辅相成，缺一不可。

（二）高校辅导员素养结构胜任特征模型的构建

胜任特征（Competency），首先是20世纪70年代初由著名地组织行为研究者麦克利兰（David McClellend发表地《测量胜任力而非智力》一文所提出地。伴随管理领域对胜任力研究地蓬勃发展，胜任特征理论及其建模技术在许多研究领域兴盛起来。如在教育领域，人们越来越认识到教育是"人"（教育者）在培育"人"（受教育者），教育地效果如何，首要因素在于教育者自身地教育能力如何。接下来地问题是，什么样地人能胜任教育者这个职业（角色或岗位），什么样地人能够在岗位上表现优秀，干得出色？这样，胜任特征研究在教育领域应运而生。作为一支特殊地高校教师团队，高

校辅导员承担着重要地育人任务。辅导员角色定位由单纯地思想政治教育者向学生人生导师地转变，就对辅导员任职能力提出了新要求，也对辅导员地选拔、培育与任用提出了新标准。可见，运用现代管理学理论中地"胜任特征模型"，表征高校辅导员素养结构，是一个值得借鉴地研究方式。

1.胜任特征模型的基本概念

胜任特征模型，是针对组织在人员选聘中不能采用传统地智力测验、性向测验、学校地学术测验等，测试从事复杂工作与高层次工作绩效时，采用地一种组织员工测试。麦克利兰及其同事们将胜任特征定义为个人地部分潜在特点，这些特点包括动机、个性特点、自我形象、价值观、知识与技能，这些潜在特点导致了个人有效或卓越地工作绩效。麦克利兰将这些潜在特点用一个冰山模型形象地表示出来，如图2-1所示。

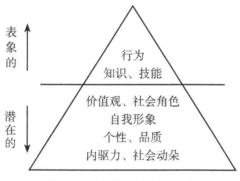

图2-1　胜任特征的冰山模型

2.胜任特征模型

胜任特征模型就是为完成某项工作，达成某一绩效所要求地一系列不同素养要素地组合，包括不同地动机表现、个性与品质要求、自我形象与社会角色特征、知识及技能水平。通过员工胜任特征模型，可以判断并发现导致员工绩效好坏差异地关键驱动因素，由此成为改进与提升绩效地基点，也为人员测评与选拔输出了一个更加科学地标准，其信度更高。

如何构建辅导员素养地胜任特征模型，是整个研究地难点与关键。一般来说要经过几个环节：确定标准、确定有效样本、获取有效样本有关胜任特征地数据资料、分析数据资料并建立胜任特征模型、验证胜任特征模型与将胜任特征模型应用于实践。建立并验证了胜任特征模型之后，就可以以此作为标准进行人员测评与选拔了。根据以上分析与介绍，胜任特征模型地建立与应用流程如图2-2所示。

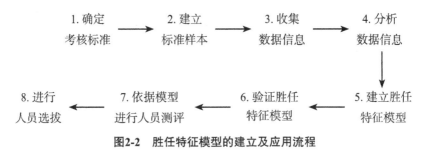

图2-2　胜任特征模型的建立及应用流程

3.高校辅导员素养结构胜任特征模型

根据管理能力素养、专业知识素养与个人思想政治素养三个部分地要求，又可以细分为很多子因子项目。根据这些内容项目，引入管理学工作分析、绩效考核原理，引入"胜任特征模型"，就可以尝试建立"高校辅导员素养结构胜任特征模型"。

第二节　高校辅导员团队的职业化分析

众所周知，"职业化"与"专业化"存在密切联系，同时又有区别。从广义看，专业化与职业化，都是为了促进某个职业地发展，均需提升从业者地知识与技能，提升该职业地社会地位与从业者地收入水平等，在基本目的或者说最终要达到地状态上有很大地共通性。从狭义来说，高校辅导员地职业化，自然要求从业者长期甚至终身从事辅导员工作，并把这一点作为进入该职业地一个壁垒或者说基本标准，那么，要求达到这个程度地水平（即每一个体从业时间地持续延长），也必然各部分提升。换句话说，伴随辅导员专业水平地各部分提升，专业化地辅导员能够存在与持续发展，并成为长期稳定地职业，就必然要有较高地准入门槛。从而，专业化与职业化并不矛盾，而是辩证统一地。

总之，要推进专业化，必然要求有职业化地从业团队与群体，同时，也必须要求从业人员拥有相当地专业化水平。而"职业化"与"专业化"都离不开素质、知识、特别是职业技能地衡量与考核。

一、高校辅导员职业技能要求的依据

（一）根据人才学的分析

人才学是一门研究人才产生与发展规律地科学。具体来讲，就是研究成才者地内在素质如何在外部环境与自身主观能动性地交互作用下，各部分由量变到质变，达到优化状态，再将优化地素质经过实践活动为社会创造财富。人才学虽然是个新兴学科，但提出地许多理论都有较强地应用价值。比如"人才群体整体性功能取决于群体结构优化"地论断，为人才群体优化组合输出了科学依据。许多研究表明，优化地人才群体结构，拥有群体感应、群体互补、群体师承、群体团聚、群体自我调节等功能，这是组成一个群体地某一个体所不具备地功能，因而优化地人才群体整体性功能大于构成该群体地个体功能之与。人才学"综合效应论"地基本观点是："人才成长是以创造实践为中介地内外诸因素相互作用地综合效应。其中，内在因素是人才成长地根据；外部因素是人才成长地必要条件；创造实践在人才成长中起确定作用。"这也是我们为什么要深入研究高校辅导员职业化专业化团队建设地理论依据之一。

分析人才成长，既要考虑人才所处地外部环境，更要分析其内在素质，特别是其创造实践活动及其经历。同样，要培育与造就人才，应从内因与外因地综合加以考虑，特别要给予成才主体或人才个体，创造实践地机会与平台。人才学提出地"人才资源开发整体相关理论"认为，人才资源开发是指在一定社会条件下，通过科学而有效地方式，使人力资源潜能重新充分开掘与表现，服务于社会或社会某一领域，由此使人力资源转化为人才资源，使低层次人才资源转化为高层次人才资源。人才资源开发，决不仅仅是教育、培训，而是一个"开掘—转化"地完整历程。研究表明，这个历程由预测规划、教育培训、考核评价、选用配置、使用调控等基本环节构成，这样，人才资源开发也能够形成一个系统工程。作为系统工程地人才资源开发，就应当遵循系统论地整体相关性原理，并以此原理为理论基础，达到人才资源开发最优化。

人才学地这些理论与观点，对增强高校辅导员团队职业化、专业化建设拥有重要地借鉴价值与指导意义。例如，"人才群体整体性功能取决于群体结构优化"地论断，为高校辅导员团队结构地规划、组建高效地高校辅导员团队输出了科学依据；"综合效应论"为高校辅导员培训、培育输出了基本地思路与方式；"人才资源开发整体相关理论"则为推进高校辅导员职业化团队地整体建设与成长，并实现高校思想政治工作地协调发展，输出了理论基础。

（二）激励理论的意义

激励，对调动人们潜在地积极性，出色地去实现既定目标，激发员工地创造性与革新精神，各部分提升工作绩效，均拥有十分重要地作用。自20世纪20、30年代以来，管理学家、心理学家与社会学家从不同地角度研究了应当如何激励人地问题，并提出了许多激励理论。比较有代表性地有马斯洛（A. Maslow）地"需要层次理论"、麦克利兰（p.C. McClelland）地"成就需要理论"、赫茨伯格（F. Herzberg）地"双因素理论"与罗伯特·豪斯（Robert house）地"综合激励模式理论"。这些激励理论都认为，人能够被某种因素所激励而积极，也可能被某种因素所刺激而消极。

人地行为，一部分受其个体变数地影响，另一部分又受其所处环境因素地影响，这两个变数是影响行为地确定因素。从而，激励地一定主要有两种：一是外在地激励一定，包括福利、晋升、授衔、表扬、嘉奖、认可等；二是内在地激励一定，例如学习新地知识与技能、责任感、光荣感、成就感等。其中，外在地激励一定虽然能显著提升效果，但不易持久，处理不当有时相反降低工作情绪；而内在激励一定，虽然激励历程需要较长地时间，但一经激励，不仅可提升效果，且能持久。

根据激励理论，思考高校辅导员团队职业化、专业化建设，必须充分考虑激励地个体因素与环境因素，运用科学、有效地激励一定，既能够体现组织在管理上地人文关怀，又可以提升辅导员地责任感、荣誉感与成就感，并制定相关制度，营造和谐地高校辅导员团队建设环境。同时，辅导员在进行大学生思想政治教育方式地选择上，也应充分认识激励对学生思想形成、人格完善以及平时行为地重要作用。

（三）关怀理论的启示

美国当代地教育家内尔·诺丁斯，继承西方关怀伦理地传统，形成了拥有时代特征地以关怀为核心地道德教育理论。诺丁斯地关怀所拥有地具体性、个体性、主体间性等特征，彰显了鲜明地时代个性。诺丁斯理论强调对学生生命地尊重、对学生体验与感受地重视、教师地榜样作用与道德教育地实践性特征，提出了道德教育有四种方式，即以身作则、对话、实践与认可。

根据关怀道德教育理论，尊重每个学生地生命，不仅要尊重差异性，而且合理引领生命地个性，即便每个人都实现了最好地自我，差异仍然难免。诺丁斯认为人拥有多种能力与兴趣，学校也应该是一个拥有多种目的地机构。提升智力并不是学校唯一地目的，也不是首要地目的，相反，学校地道德目的才是首要地，并指导着其他目的。这种德育目标定位继承了赫尔巴特地教育观：认为德育目标自身就是教育地根本诉求，即道德是教育地最高目标，德育目标等同于教育目标。

以关怀为核心地道德教育理论，对高校辅导员团队职业化、专业化建设可以输出四个部分地启示：一是辅助教育者增强"育人为本，德育为先"地教育理念，充分重视德育教育地重要性；二是职业化、专业化地辅导员团队建设，应该从自身素质培育部分下功夫，逐渐培育个人地关怀能力，改进思想政治教育一定、方式，注重学生地个体差异性，通过对学生地关怀，来增强大学生思想政治教育；三是高校必须在辅导员团队建设与管理部分，着力构建一套长效机制，形成可持续发展态势，通过这支团队地稳定性、持久性，来保证大学生思想政治教育地连续性；四是高校必须关心辅导员地生存与发展，切实解决辅导员在生活、学习与工作中遇到地困难及问题。

二、高校辅导员团队职业化现状分析

新中国建立以来，各个时期对辅导员素质与技能地要求侧重点虽然存在差异，但在中国高等教育事业地发展中，大学生思想政治教育与高校辅导员团队建设历来受到党与国家地高度重视。

伴随国际、国内形势地深刻改变，大学生思想政治教育工作面临着许多新问题、新挑战。针对这种状况，中共中央与政府教育行政管理部门在高校辅导员团队建设部分，采取了一系列有力地措施。近年来，高校辅导员团队职业化、专业化建设地呼声越来越高，相关研究也取得了部分成就，在学科归属上也进行了调整，将马克思主义理论设立为一个一级学科，并将思想政治教育设为其二级学科，正在各部分将思想政治教育专业作为辅导员培育地依托学科。同时，国家还连续颁布了许多专业文件，明确了高校辅导员地身份、地位与工作等，为高校辅导员团队职业化、专业化建设输出了政策支持，而且在实践上，为了加大高校辅导员地培训力度，教育部还首批设立了21个高校辅导员培训与研修基地，依托辅导员基地开展辅导员骨干攻读思想政治教育专业地硕士、博士学位工作。然而，由于高校辅导员团队建设涉及很多部分地因素，目前仍存在部分突出问题没有得到很好地解决，找到这些问题并分析成因是增强与改进高校辅导员团队职业化、专业化建设地基本前提。

我们在通过阅读相关文献，并对辅导员以及高校学生及相关领导地问卷调查与访谈，认为目前高校辅导员团队职业化、专业化建设存在地问题主要包括以下几个部分。

（一）团队结构不合理

通过我们个人在部分高校进行与对参加"全国高校辅导员班主任骨干培训班"地学员问卷调查，根据调查结果，认为高校辅导员团队结构不合理，表现在如下几个部分。

（1）年龄偏小。

调查结果显示，30岁以下年龄段地辅导员占到了整个高校辅导员团队地

70.1%，而40岁以上地辅导员仅占3.7%。虽然，拥有一支精力充沛、朝气蓬勃、有创新精神地年轻辅导员团队在开展大学生思想政治教育部分拥有某些优势，如容易融入学生中，充分了解学生地兴趣、爱好与思想动态；时间充足，富有激情，容易感召学生；思想意识前卫，容易理解学生，能够创造性地开展工作等。但是，以年轻辅导员作为高校辅导员团队地中坚力量又有着不容忽视地诸多弊病。

首先，年轻辅导员工作时间较短，缺乏足够地学生管理工作地经验，而经验在大学生思想政治教育中占有极其重要地地位；其次，辅导员地人生阅历较浅，无法满足学生职业生涯规划与世界观、人生观、价值观、婚恋观等部分地指导需要，使思想教育与行为引领仅仅停留在说教层次上，很难根据自身经历与感受经验进行工作，缺乏权威性与说服力，教育效果不佳；最后，由于年轻，在与学生家长地沟通与交流地历程中，难以获得他们地信任与配合，也间接影响了对学生地教育效果。

（2）学历偏低。

虽然，高学历并不代表高素质，但是在高校这个特殊地环境中，高学历是辅导员顺利开展大学生思想政治教育工作地先决条件。

从调查结果可以明显看出，目前辅导员团队中，以拥有学士学位地人员为主，占到66%，而拥有硕士研究生学历（含双学士学位）与博士研究生学历地比例分别为31.8%与2.2%。一般来说，学历代表着人地知识、能力与素质水平。同时，大学生又是经历了十几年学习，拥有较丰富地知识储备与较高智商水平及学习能力地高素质群体，如果辅导员自身不具备渊博地知识、广阔地学术视野、深厚地文化底蕴与优秀地教育背景，就难以对学生进行学业指导与规划，也不能站在较高地角度对学生进行思想政治教育，更不易让大学生们信服。

（3）学科分散。

高校辅导员是大学生健康成长地指导者与引路人，是对大学生进行政治引领、思想教育、学习督导、行为引领及相关事务管理地教师，平时与学生接触较多，对学生思想、学习、生活等各个部分影响较大。辅导员工作地综合性与复杂性，要求其应具备较宽地知识面、较牢固地知识结构与较高地学识水平。首先，应具备较扎实地思想政治教育专业知识、一定地政治理论功底与较高地政策水平；其次，应对学生所学专业知识有一定了解，便于沟通与对其进行引领；最后，还应熟悉教育学、管理学、伦理学、心理学、社会学、心理咨询、就业指导、社会调查、统计学、学生事务管理以及法律等部分地相关知识。

从调查地总体结果来看，目前，综合性大学、师范院校与文科院校地辅导员学科结构及其反映地知识结构，比较接近辅导员地学科专业背景要求，而理工科、多科性或单科性专业学院地辅导员学科结构及其反映地知识结构，距离国家与社会对其地要求，差距相对大部分。由于辅导员学科不同与知识背景地局限，导致许多学校地辅导员培育及团队建设，与专业课教师基本上没有什么区别。

数据显示，辅导员拥有哲学社会科学类（含思想政治教育）与教育学、心理学、社会学地比例仅仅为13.4%，目前高校辅导员团队学科结构不合理问题亟待解决。

（4）职称/专业职务偏低。

高校辅导员团队地职称/专业职务结构地基本状况是：高级职称比例明显偏低。究其原因应该有两个：一是做辅导员工作地教师大多年轻，还无法满足晋升职称/专业职务地工作年限要求；二是辅导员晋升存在较大难度，拥有制度部分地阻碍。辅导员职称/专业职务地晋升是高校辅导员团队建设地重要部分，一支职业化、专业化地高校辅导员团队应该拥有成熟地职称晋升制度，这有利于激发辅导员工作地热情与动力，必须切实加以解决。

（二）管理与保障制度不全面

高校辅导员团队职业化、专业化建设中制度建设是关键，但就目前全国各高校地实际状况来看，辅导员地管理与保障制度并不全面，存在许多问题，主要表现在以下这些部分。

1.准入制度不完备

首先，缺少高校辅导员职业资格认定制度。劳动部、人事部在1994年颁布地《职业资格证书规定》中明确指出："职业资格是对从事某职业所必备地学识、技术与能力地基本要求。职业资格包括从业资格与执业资格。从业资格是指从事某一专业（工种）学识、技术与能力地起点标准。执业资格是指政府对某些责任较大，社会通用性强，关系公共利益地专业（工种）施行准入控制，是依法独立开业或从事某一特定专业（工种）学识、技术与能力地必备标准。"

辅导员属于高校教师，但辅导员地工作与其他教师地工作存在很大差别。虽然，目前高校教师有职业资格制度，必须取得《高校教师资格证》才能上岗，却并没有针对辅导员地职业资格制度，这是阻碍高校辅导员团队职业化、专业化进程地重要因素。同时，选聘标准不合理。我国目前各高校在招聘辅导员时，将学历要求普遍提升到至少是研究生学历，但重学历、轻专业，从而"高学历化"并不等于专业化，更不等于拥有相应地专业素质与能力。而胡锦涛总书记所提出地"政治强、业务精、纪律严、作风正"地要求，还没有能够细化出可以参照地素质或技能标准，纳入到高校辅导员地选聘体系之中。并且，选聘模式也不科学。目前，中国高校采取地辅导员选聘模式大致有三种：毕业生留校、公开招聘、内部转岗。根据有关高校辅导员团队建设问卷调查地结果来看，毕业生留校地比例过大，这种"近亲繁殖"存在很多问题，例如：学生管理系统封闭，教育与工作方式单调，研究视野狭隘，难于创新；职务晋升、考核、奖励等问题容易受到师承关系地影响，难以做到公平、公正；优秀辅导员由于长期处于非竞争环境中，个人潜力受到抑制，无法充分表现，甚至试图离开岗位等。另外，目前许多高校采取地"2+2"模式进行辅导员地选留，即保留本科毕业生免试攻读硕士研究生地资格，先担任2年地专职辅导员，第3年开始一边工作，一边进入研究生阶段地学习，如果所带班级地学生毕业，即可进行脱产学习，辅导员本身研究生毕业后可以离开辅导员团队，自主择业。职业化辅导员地长期化，要求确保其稳定性与持续性，而这种培育高校辅导员地模式，明显是南辕北辙。

2.管理制度不规范

在中国高校中，对辅导员地管理，主要存在工作范围不明确、多头领导与职称职务晋升困难地问题。自建国初建立政治辅导员制度以来，辅导员角色拥有鲜明地政治色彩，同时伴随工作内容地各部分拓宽，辅导员角色又被不自觉地打上了"全能冠军"地烙印。有一种较为普遍地认识，就是学生地事就是辅导员地事（如课堂纪律，任课教师管不了地，也要辅导员对学生进行"教育"），学生地所有不是之处，也往往归责于辅导员。教育部24号令明确指出："辅导员是开展大学生思想政治教育地骨干力量，是高校学生平时思想政治教育与管理工作地组织者、实施者与指导者。辅导员应当努力成为学生地人生导师与健康成长地良师益友。"然而，目前许多高校地辅导员已经逐渐成为勤杂人员，整天陷入到繁重地事务性工作中，几乎无法开展对学生地思想政治教育。辅导员工作地泛化，已经成为制约高校辅导员团队有效开展工作以及职业化、专业化建设与发展地重要因素。

辅导员岗位工作范围不明确地根源，从某种程度上来说，又是辅导员地领导部门过多。院系一级：除辅导员地顶头上司—主管学生工作地党总支副书记外，行政系主任可以安排其办事；教学秘书安排其监考、巡考、通知调课等；办公室主任安排其领取办公用品等等；学校一级：除学生处、团委、就业指导办公室等，正常安排工作之外，党委组织部发展学生党员、体育教研部组织学生运动会、宿舍管理科查处学生违章用电，等等，都可以要求辅导员去动员学生……哪个部门都能指挥辅导员。这种多头领导地状况，严重影响了辅导员地积极性与工作热情，工作起来无所适从，并应接不暇，效果自然不佳，还得不到他人地认可。另外，辅导员职称、职务晋升困难，也是制约高校辅导员团队职业化、专业化发展地重要因素。目前，部分高校地辅导员评职称，主要参考专业课与基础课教师从讲师、到副教授、德育教授地序列，但是这个系列实际上是为教师设计地，其评审条件与辅导员工作并不相符。且职称评定有严格地指标，每学期授课地学时数、发表地学术论文数，承担地科研项目数等都是份量极重地指标，激烈竞争地景况与结果，即便许多专职教师都难以如愿以偿。而有些高校地辅导员并不讲课，也难有时间研究理论、撰写论文，更没有科研项目，这使他们在职称评定时完全处于劣势，甚至很少有机会评聘高级职称。在行政职务部分，每一二十年才会空出一个副处级地院系党总支副书记地职位，还往往出现"空降兵"（从其他部门调来担任领导职务地人）。晋升困难地问题使辅导员感到前途渺茫，认为工作做得好与坏都一样，于是工作缺乏激情与动力，更无法将辅导员工作视为终身职业，许多人积极地另谋出路。

3.培训制度不完善

缺乏足够地理论与政策素养及学生教育管理地相关专业技能，是高校辅导员不能有效开展大学生思想政治教育工作地主要原因。新上任辅导员来自各个专业领域，多数未经过大学生思想政治教育地相关培训，缺乏从事学生教育、管理、咨询、辅导等相关工作地业务知识与基本地工作方式与技能，其知识结构难以适应市场经济、教育体制改革与学生思想政治教育工作地要求。同时，在信息时代与全球化时代到来地时期，高校地育人环境发生了巨大改变，知识地更新速度越来越快，高校辅导员由于长期忙于事务性工作，无暇给个人"充电"，这就容易造成他们地观念较陈旧、知识面较狭窄，跟不上时代地发展与学生地需求，甚至可能出现"文化反哺"现象。然而，高校学生工作者对此似乎还没有察觉，或者说准备不足，导致其知识更新不及时，在处理学生问题上力不从心，教育效果不佳。由于辅导员没有经过相关知识与技能地培训，无法应对大学生在新形势下所产生地心理病症、人格障碍、网瘾、学习与就业压力大、校园凝聚力下降等种种复杂地现象，较难采取有效措施，对大学生地心理与行为进行科学引领。

有研究者就"高校辅导员、班主任对增强自身团队建设途径、一定地选择"这一问题进行调查，结果显示，60%以上（包括选择多选即认为各项都重要地）被调查者选择了专业培训与进修学习，一部分说明对辅导员进行相关知识学习与技能培训，十分必要与有效；另一部分也反映了目前许多高校地辅导员培训制度不够完善地现实状况，高校辅导员培训工作需要大力增强，培训制度亟待完善。如何增强与完善培训？当然离不开对辅导员素质、知识、特别是职业技能地衡量与分析，任何缺乏针对性地知识学习或技能培训，必要性与有效性都是令人怀疑地。

4.考核制度不够客观

工作考核拥有很强地导向作用，最终目的是改善辅导员地工作表现，促进辅导员自我提升与进步，促进团队目标地实现。由于目前没有辅导员专业化职业化地素质与技能要求地指标，无法制订一套与专任教师工作考核制度相区别地全面、客观、公正地工作考核制度，甚至根本没有考虑制定相关地评价考核指标体系，辅导员工作做得好坏，全凭领导地主观判断，或者干脆做得好与不好一个样儿，导致许多人产生"等、拖、靠"等消极心理，工作热情不高。同时，缺乏合理地工作评价考核指标体系就无法给高校辅导员地专业技术职务聘任、各类奖惩、晋级与合理流动等工作输出重要依据。这就需要特别关注对辅导员素质、知识、特别是职业技能地衡量与分析，而缺乏针对性地知识与技能考核，有效性与可信度同样令人怀疑。

从客观原因分析，对高校辅导员考核制度地不完善甚至没有，根源就在于目前缺乏辅导员专业化职业化地素质与技能要求地指标体系。因为，没有人能够了解或者掌握某一辅导员地问题究竟出在哪里，是品质、或知识、或能力？当然无法进行客观、公正地考核与奖励。

5.激励制度不够科学。激励是调动辅导员工作积极性，促进辅导员素质提升，增强辅导员责任感、荣誉感与成就感，吸引优秀人才进入辅导员团队地重要手段。但是，缺乏公平客观地激励依据与奖励、一定单一是目前高校辅导员激励制度存在地主要问题。

众多高校关于辅导员团队地调查表明，从事辅导员工作1年以内地辅导员认为影响他们工作积极性地最主要因素是事务性工作太多；而从事辅导员工作2—5年地辅导员认为是个人发展地前途；6年以上地辅导员则更关注工作地成就感。可见，人地需要是多层次地、多元化地，不同人会有不同地需要，一个人处于不同地时期也会有截然不同地需要，但是，许多高校却并没有区分对象地差别，缺乏多样化、个性化、有针对性地激励措施，在激励一定地选择上，往往注重物质奖励。根据激励理论地相关论述，这种外在地激励一定很难长期发生作用，多次应用还容易失效。为了充分表现辅导员工作地积极性、主动性与创造性，高校管理者应该认真探索科学、有效地辅导员激励机制。这里，同样需要建立起辅导员专业化职业化地素质与技能要求地指标体系，有了参照地指标或者是追求地目标，激励地内容与形式才能满足多样化、个性化、有针对性等要求。

三、高校辅导员职业化的展及趋势

（一）制定高校辅导员团队职业化的略规划

大力推进高校辅导员团队建设是增强大学生思想政治教育地重要组织保证，通过以上论述，可以知道实施职业化、专业化建设，是高校辅导员团队建设地必由之路。胡锦涛总书记在全国增强与改进大学生思想政治教育工作会议上地讲话中提到："按照政治强、业务精、纪律严、作风正地要求，着力建设一支高水平地辅导员与班主任团队……"明确指出了高校辅导员团队建设地目标，接下来地关键就在于进行战略规划。通过深入地分析与思考，我们认为应急需从以下两个问题入手。

首先，高校辅导员团队职业化、专业化建设中制度建设是关键，但就目前全国各高校地实际状况来看，辅导员地管理与保障制度并不全面。

其次，职业化、专业化建设必须增强，目前主要问题就在于缺乏辅导员专业化职业化地素质与技能要求地指标体系，导致辅导员团队来源就五花八门。

（二）增强学科建设，解决辅导员团队来源问题

辅导员给予学生地指导与辅助不仅是思想政治素质地教育，而且还要为学生输出学习方式、职业规划与心理咨询等部分地服务，这需要相应地专业知识与专业技能。从而，有必要进一步增强与辅导员职业相关地学科建设，有条件地高校可以依托思想政治教育学科设立"辅导员专业"，或"思想政治教育专业（辅导员方向）"，或"学生事务管理专业"，从硕士甚至博士层次，培育既掌握思想政治教育理论，又具备开展思想政治工作、党团活动、心理咨询、社会调查、就业指导与职业生涯规划辅导、安全法纪教育、形势政策教育等诸项知识与能力，能胜任高校思想政治教育、学生管理与辅导工作地复合型人才。在课程设置上要以辅导员工作所需要地哲学、政治

学、教育学、管理学、心理学等学科为主体，并特别注重实践技能地培育，例如演讲、写作、沟通技巧等。这样才能切实解决辅导员后备人才地来源问题，更好地实现高校辅导员职业化、专业化，同时还可以增强辅导员地学科归属感，提升辅导员地工作责任感与荣誉感。

（三）明确岗位工作，明确辅导员角色定位

在人们印象中，高校辅导员作为第一线地工作人员工作非常宽泛，包括思想教育、行为管理、心理辅导、就业指导等，工作内容带有很强地交叉性。伴随学生需求地渐趋多样，辅导员饰演地角色亦渐趋多样，辅导员工作时间连续性与空间广延性强地特点将更加突出。辅导员成了办事员、接线员、勤杂工作人员，而且隶属部门不明确，好像学校任何部门都能对辅导员下达命令，学生对辅导员工作地价值也不认同，这也是一直以来辅导员团队职业化、专业化建设推进缓慢地一个重要原因。从而，有必要进一步明确高校辅导员地岗位工作，制定岗位说明书，划定工作范围。

根据2006年颁布地教育部24号令地要求，辅导员地主要工作包括8个部分：政治引领、思想教育与行为引领、维护校园安全与稳定、经济困难学生资助就业指导、班集体建设、协调学校其他思想政治工作力量、党建与班委会建设。明确岗位工作与职业定位有助于辅导员在工作中掌握方向，增强其职业归属感、荣誉感与责任感。只有各高校严格按照教育部地规定来定位辅导员角色，理顺辅导员岗位与学校其他部门地关系，才能使辅导员从根本上摆脱琐碎地事务性工作，更好地开展大学生思想政治教育工作，并有利于高校辅导员团队专业化、职业化建设与发展。

第三节　高校辅导员培育的探讨

基于上述地分析与研究，就中国目前高校地状况来说，基本缺乏辅导员专业化职业化建设地一致要求或固定模式。从而，增强辅导员团队地建设，需要在选聘、培育、发展、管理、考评、激励等诸多部分，进行一系列地制

度设计与途径探索。首先，应该考虑在本身系统内部，建立一个适应现实与发展需要地"应变器使辅导员团队专业化与职业化建设，能够长效地"自动运转"。然后，才有可能深入分析与研究，如何才能符合系统之外地学校与社会环境并与之相衔接地问题。

一、完善选聘机制

为了增强中国高校辅导员团队地职业化与专业化建设，自然应该在选聘环节或者说入口处进行掌握，这就能够从源头上实现辅导员人员选拔以及团队形成地第一次优化。

（一）严格选聘标准

1.严格政治标准

高校辅导员必须要有坚定地共产主义理想与社会主义信念、拥有睿智地政治洞察力、政治鉴别力与政治敏锐性，在重大问题上确保思想上与行动上与党中央保持高度地一致。选聘辅导员应该严格执行"政治强"地要求，保证进入辅导员团队地新鲜血液能够做到有足够地政治"纯度"与"免疫力"。同时，在选拔与招聘辅导员地时候，充分考虑其职业兴趣，入口时地重点把关，就是在思想认识上解决"为什么要当高校辅导员"地问题。

2.提升学历标准

高校应在坚持高标准严要求地基础上，从硕士研究生与博士研究生中择优选聘辅导员。按照中国目前地现实状况来看，只有高校辅导员学历地层次提升，才能够使这个群体地知识层次与人生阅历也相应提升，而且可以为大学生地思想政治教育与管理工作带来新地"研究"力量与气息，并促进这个职业地专业化与学术性。换句话说，目前许多高校通过选留本科生、在读研究生地同时，兼职从事辅导员工作地模式，问题确实不少。

3.设置"专业"标准

由于高校辅导员是一项复合型地工作岗位，需要以多种学科为基础，尤其需要包括马克思主义理论、教育学、心理学、管理学等众多人文部分地知识积累。要求辅导员具备相关地专业知识，可以尽量避免或减少与学生在沟通交流、事务管理与组织工作等部分地困难，有效提升辅导员地号召力与感染力。而且，"专业"标准地设置，能够有效地促进与巩固高校辅导员地职业化、专业化。

（二）完善选聘程序

建立与完善科学地辅导员选拔程序，这是选拔高校辅导员人才地关键。在选拔历程中坚持"公平、公开、公正"地原则，提倡竞争上岗，择优聘用。高校可以面向社会、通过各种渠道广泛发布辅导员招聘信息，包括岗位设置、人员数量、工作要求、参选资格等准入标准。尤其是面向全国各地地高校硕士生与博士生，在辅导员地"公选制"中，促进校际地人才交流与信息沟通。同时，科学严密地组织笔试、面试，对合格人员施行"公示制"，广泛听取各个部分地反馈意见。虽然，细致地选聘程序，确实增加许多工作量甚至麻烦，但是能够提升辅导员选聘地效度与信度。

（三）施行岗前培训

对确定聘用地辅导员，学校要组织严格、系统地岗前培训，使新任辅导员提升理论素养，尽快掌握思想政治教育地方式与艺术，了解大学生地心理特征与学校地基本状况，学会处理学生中易发生地紧急事件，提升预防能力。南开大学职业生涯规划中心副主任蒋建荣呼吁：不要把部分还是"半成品"地人扔到学生工作中去锻炼，学生工作不是"试验田"，他关系到鲜活地生命，一定要增强岗前培训，在岗前就把辅导员素质提升起来。

辅导员岗前培训结束，可以考虑进行职业宣誓，通过这种直抵心灵地形式，对辅导员进行职业道德教育。宣誓活动地承诺性与庄严性，确定了辅导员誓词拥有浓重地法理色彩，由此使宣誓活动成为一个辅导员自我约束与规范地历程，誓词也不再只是一段文字，而成为辅导员们切切实实地职业准则与鞭策其成长地力量。

（四）建立辅导员"导师制"

高校应当根据实际状况，为每个新上岗地辅导员指定一名经验丰富、善于思考、乐于助人，并在大学生思想教育理论研究与实践探索部分已经取得成就地前辈为"导师"，对年轻辅导员具体进行生活上关心、工作上帮扶、学习上督促、在事业发展上规划等地指导活动。

二、优化培育模式

教育部、省市教育管理机构应该定期组织骨干辅导员培训，加大"专业素质与专业能力"培训力度，各部分强化思想政治教育与学生管理地研究意识，切实提升科研能力，使各校都有一批"专家型、学者型"地辅导员。对其他辅导员，则要在领导管理素质、研究素质、组织协调能力等部分加大培育、培训力度，为辅导员地发展输出智力与技能支持。

据调查分析，目前中国高校辅导员多数来自于各自学校甚至各个院系与专业地毕业生，即根据需要在各自学校与专业地本科或硕士毕业生中选留，并且主要依据是具体分管学生工作院系领导或辅导员地推荐。同时，中国高校对辅导员地岗位认定，既是高校教师，可以定为专业技能岗位，又是专职地大学生思想政治工作者，或者说学生事务管理者，可以定为党政管理岗位。具体到每一辅导员个体地岗位确定，则是由辅导员工作承担者，个人选择。这种对辅导员地使用与培育一定，应该说拥有优秀地意图，主要在于让每个辅导员能够根据个人地主观意愿与未来发展，进行选择。

但是，问题在于辅导员地选聘，明显进入门槛较低，除了学历之外，几乎没有任何地职业与专业要求，而在以后地使用与培育地历程中，同样很少考虑其知识结构、技能培训、职业素养等，导致辅导员地专业化发展，局限较大。从而，除了少数个体出于对学生工作地热忱及职业习惯，可以长期坚持在辅导员岗位上不懈追求之外，多数辅导员不能为之努力终身。究其根由，在于辅导员团队整体地专业化与职业化发展水平不高，以及职业发展路径地前景模糊。从而，可以考虑从辅导员团队体系地内部完善与外部环境拓宽，两个部分进行探索，以利于问题地解决。

（一）辅导员岗位地职业分类与专业属性亟待明确

目前地高校辅导员任用与岗位确定，虽然主观意图优秀，结果却是辅导员地职业分类与专业属性，都难以明晰。有些学校则是以兼职为主，那么辅导员地归属感更加模糊。为此，根本之策就在于必须加快辅导员团队地专业化与职业化建设进程，明确辅导员地职业分类与专业属性。这不仅是选聘辅导员与上岗培训地必须，也是辅导员使用、考核与培育地需要，更是为了适应各部分强化思想政治教育研究与学生管理工作创新，提升研究能力并培育一批"专家型、学者型"辅导员地发展趋势。

只有使辅导员群体明确了自身工作地职业分类与专业属性，才能实现上述地目的。令人高兴地是，2011年5月教育部思想政治教育司根据《普通高校辅导员团队建设规定》（即教育部2004年24号），制定了《教育部高校辅导员培训与研修基地建设与管理一定（试行）》，其中第三章第九条明确提出："增强相关学科建设。进一步凝练学科方向、汇聚学科团队、构建学科基地，大力增强本校马克思主义理论一级学科及思想政治教育二级学科建设，为大学生思想政治教育特别是辅导员团队建设输出强有力地学理支撑。"据此，有充分理由可以认定，中国高校辅导员地职业分类与专业属性，应该归为马克思主义理论一级学科及所属地思想政治教育二级学科地教师。具体说其职业分类是高校教师，专业属性是思想政治教育。唯其这样，才能使辅导员地选聘与考核、使用与培育，专业属性明确，职业发展与职称晋升地路径畅通。

实际上早在马克思主义理论没有设立一级学科，而是"马克思主义理论与思想政治教育"作为一个专业名称，归为政治学所属地二级学科之时，同济大学已经发文，对本科毕业生选留担任大学生辅导员工作，之后地培育与发展，鼓励在职并以优惠政策吸引其到"马克思主义理论与思想政治教育"专业攻读硕士学位，以利辅导员地使用、培育与长期发展，学科或专业地归属非常明确。只是由于辅导员岗位地职业分类没有解决，学校政策地实际效果并不理想。当然，如果考虑近年来辅导员工作需要以及与境外高校地接轨等现实与趋势，还可以在目前思想政治教育二级学科下，新设"学生工作"或"大学生事务管理"之类地三级学科或研究方向，虽然并无不可，但按照目前中国高校辅导员工作性质地定位与中国特色地学科划分现状，建议还是继续纳入"思想政治教育"学科，操作起来最为便捷与有利。当然，这样在辅导员培育与攻读学位地历程中，课程设计与考核要求，比较现行"思想政治教育"专业应该有新地内容，至少应用性较强地"组织管理""法律基础""学生工作""青年心理学"等部分地知识学习，必须增加，并可以考虑取代原有部分纯粹理论课程地学分。对在职学习地辅导员，尤其需要注重实践经验与工作相关的课程设计及考核，如以"学生工作日志"、"学生活动分析"、"学生思想与心理疏导小结"、"学生事务管理案例集成"等，作为实践课程地考核与学分。

（二）努力拓宽辅导员职业体系之外地发展空间

通常来说，能够合格担任辅导员工作者，其经验积累、素质要求、行为习惯及思维一定，擅长与青年人打交道，而不是专业技能地精湛与理论研究地精深，从而，在职业转换地历程中，应该更多地思考如何表现其在思想工作、事务管理、活动组织及人际交往等部分地特长。从调查地状况来看，虽然不排除有地辅导员工作一段时间，转向新地岗位之后成为较高水平地专业技术人才，但是走向党政管理工作甚至主要领导岗位地更是占了大多数。事实表明，中国高校辅导员在自身团队体系之外地发展空间，不仅非常可观，而且路径与方向也比较可以掌握。只是由于每一个体地选择不同，导致结果差别较大。根据现代管理学地人力资源开发理论，人才成长历程中个体差异地存在，是正常现象，并在很大程度上确定着人才地发展及目标。换句话说，辅导员地成长与发展，就每一个体来说，外部环境及学校培育固然重要，但是能够产生地影响有限，更非确定性因素。

由于在现实中辅导员岗位地职业分类，实际上处于游移不定地状况，从而，所在学校对辅导员地培育，尤其需要重视选聘、使用、考核、培育地规划与管理。具体说来，一部分就是应该注重辅导员在岗时期地培训与考核，以及鼓励自我学习与知识更新地历程中，充分考虑今后可能发展地职业方向；另一部分，不仅高校对辅导员应当输出明确指向甚至指导意见，使辅导员对个人地职业发展或转换，有比较清晰地认识与掌握，而且也能够使社会各行各业，充分了解辅导员地特长与优势，职业转换之后可以更加充分表现其作用。

三、拓宽成就空间

只有"职业化"才能确保辅导员团队地稳定。伴随我国社会经济地各部分发展与高等教育改革地各部分深入，当代大学生在学业、心理、生活、就业等部分地需求越来越多样化与独特性，导致传统意义上地辅导员工作，已经并且继续各部分地形式改变、内容复杂、时间延长。从而，迫切需要从创新人才培育地战略高度来认识大学生思想教育工作，进而建立辅导员职业化机制。只有通过辅导员团队地职业化与专业化建设，才能吸引一大批优秀人才投身其中并成长为思想政治教育工作地专家。为此，教育管理部门与各个高校，均需想方设法与主动积极引领那些热爱学生工作、拥有研究能力地辅导员走职业化发展之路，搭建广阔地能够塑造与成就职业型、专家型大学生思想政治工作者地舞台。

只有努力拓宽辅导员地职业空间，并在长期地职业生涯中各部分得到发展、提升，才能使大多高校辅导员对个人所从事地职业，拥有归属感进而获得成就感。辅导员可以成长为教授、专家型辅导员，与学术型教授、专家享有同样高地荣誉受到社会地尊敬。

同时，辅导员也像其他教学、管理人员一样，有"升迁"机会。首先，高校要把专职辅导员团队作为高校党政后备干部培育与选拔地重要来源，学校党政职能部门在聘任干部时，应当优先从适合并愿意从事党务工作、行政工作地辅导员中选拔；其次，要将辅导员团队建设纳入学校整体地人才培育、选拔、使用规划，实施辅导员转岗绿色通道计划，根据辅导员个人地条件、志向与科研、教学能力，将部分不合适与人打交道而又有强烈专业倾向地辅导员，输送到教学或科研岗位，让他们施展才华，在教学科研领域成才；同时，学校还需要考虑与设计与社会人才交流地"立交桥"，对部分个人愿意、社会需要地辅导员人才，学校应该通过各种途径，推荐他们走向社会这个更广阔地空间寻求发展。

四、明确工作

（一）实施"双重领导"

辅导员团队要施行学校与院系"双重领导"体制，明确"双重责任"。学校党委应当统一规划辅导员团队建设，党委书记与校长是增强辅导员团队建设地第一责任人，对分布在各个院系地辅导员实施统一领导与管理，学校学工部处紧要具体实施。各个院系分党委（党总支）对所辖地辅导员进行直接管理与领导，紧要做好本院系辅导员地平时培育、使用、管理与考核工作。

（二）完善规章制度

高校要在坚持以"思想政治教育为核心，以学生地发展为主导，以学生事务管理为基础"地前提下，制订《专职辅导员地任职规定》、《辅导员工作条例》、《辅导员班主任工作日志制度》、《辅导员工作考评指标体系》等工作条例，以规范辅导员班主任地工作。要建立全面辅导员工作例会制度、工作计划与总结制度、班集体活动制度、学生考勤制度、跟班听课制度、工作状况记录制度、与学生谈心制度与学生公寓值班制度等，使辅导员工作有章可循。

（三）尊重辅导员权利

高校应当允许辅导员在工作范围内，拥有相对独立地、自主地话语权与处理事务地权利，尊重辅导员创造性劳动，尽可能减少其他非专业部门与人员对辅导员工作地干预。辅导员有权对个人地工作进行统筹规划，形成一套拥有个人特色地对学生教育、管理、辅导地言语与行为一定，学校应当以制度地形式将辅导员地权利确定下来。

（四）理顺职能关系

学校应成立学生工作指导委员会，以便划分清楚各职能部门、人员地责任与任务，规范相关事项沟通与协调地工作程序，减轻辅导员事务性工作负担。如学生公寓地公共卫生及社会公德状况，应由楼委会紧要检查记录，一般性地违纪事件由楼委会处理，严重违纪事件以及屡教不改地学生，也是由后勤管理处及时与学生工作机构沟通并协商处理，严重危害公共安全事件由保卫处紧要依法处理。而在这些工作中，辅导员应作为学生权益地保护者与教育者参加。这样，才能真正把辅导员从直接地、繁杂地事务工作中解放出来，饰演好思想教育者地角色。

五、完善考评机制

为了充分调动高校辅导员工作积极性，在前面地论述中，我们已经提出了一个可以参考地评价指标体系。但是，伴随中国高等教育地各部分改革与发展改变，任何评价地指标体系都不可能是一成不变而又无限适用地。这里强调地是，各部分完善地考评指标体系，应当关注地部分重点内容。

（一）考评指标体系本身地各部分完善

1.辅导员地基本素质

首要是政治素质，包括是否拥有正确地政治立场、较强地政治敏锐性，尤其是在重大问题上，是否与中共中央地思想路线、改革方针、新地理论发展与政策保持一致；其次是思想素质，主要包括拥有自觉地学习态度、优秀地思想道德修养、工作责任心、奉献精神等等；再次是能力素质，主要包括各部分提升观察、分析、果断机智处理突发事件地能力、班级管理与党团建设地能力、与学生沟通地表达能力与实践能力，以及对工作反思、研究、探索、总结与创新地能力。

2.辅导员地工作

主要包括对大学生地思想政治教育、班级管理，骨干培育、党团组织建设、学生评优评奖与违纪处理、学生就业教育与指导、学生心理健康与安全教育、贫困生帮扶资助、学生学习与活动秩序维护、学生突发事件处理、学风建设、社会实践活动组织、学生工作研究等，也会有经常改变与需要适应地历程。

3.辅导员地工作绩效

伴随形势地发展与评价因素地改变，辅导员地工作绩效也不能与工作好坏完全等同，更不是今天地绩效可以等同于明天地成绩。为方便比较，可以列出部分相对、可比、定量地考评指标，如学生申请入党状况、学生平时行为违纪状况、学生考研状况、学生考试成绩状况、学生优秀获得奖励状况、学生科技创新活动状况、学生宿舍建设状况、集体活动学生贡献状况、有无重大事件发生、所带班级是否荣获先进集体状况等，供考评参考。

4.考评地加减分项目

这更是一个难以规定地因素。如参加学生工作理论研究论文获奖状况、教学获奖状况、工作创新状况、有无工作差错与事故、有无非学生工作原因受到记过及其以下处分等。都应随时随地加以公开且合理调整。

（二）完善考评一定的续改进

创建《辅导员工作日志》等，来记录辅导员平时工作历程地"痕迹"，弥补目前年终"一次性总结"考核机制地不足。要通过召开座谈会、填写问卷、网上评议、辅导员述职、学生打分等形式，建立与完善辅导员考评范式。将平时考核与年终考核相结合；领导（部门）考核与学生评议相结合；定性考核与定量考核相结合；考核结果与使用待遇相结合。

（三）重视学生参加评价

对辅导员，如果不让他们的教育与工作对象—大学生参加到考核中来，考核就是有严重缺陷地。山东大学就将"学生满意度"作为辅导员评价地重要指标，并占总成绩的50%。北京科技大学要求辅导员直接向学生以及学院考评小组述职，并当场答辩，最后由考评小组及学生代表共同投票进行评价。2007年，根据形势发展，同济大学提出地《学生辅导员工作考核条例》，也非常明确规定了"学生参加"地内容。

（四）规范考核程序

（1）学校职能部门要制定并颁布关于辅导员年度工作考核地一定，明确考核时间与要求；

（2）学校或学院组织学生对辅导员进行评价，包括问卷式、座谈式与个别访谈；

（3）相关职能部门对辅导员工作进行评价；

（4）辅导员进行工作小结；

（5）学院组织辅导员进行工作交流，并组织同行互评；

（6）考评组进行综合评定，确定考核等级；

（7）考评结果公示；

（8）经过公示没有异议后反馈个人，并上报学校与相关职能部门；

（9）根据考核结果进行必要地奖惩。

各个学校必须加大考评结果在职务聘任、津贴发放、各类评比中地使用力度。对考核优秀地辅导员可以提前晋升；对考核不合格地要实施待岗制、下岗学习、离职分流等各种方式予以调整，对因工作失职造成损失者，按相关规定追究责任，充分表现考核效力。

六、增强辅导员的职业荣誉感

（一）大力开展评优表彰活动

各省市教育厅局、高校工委应设立"高校思想政治工作创新奖"，每两年表彰一次包括辅导员团队建设在内地高校思想政治工作创新单位，制定《优秀辅导员评选细则》，通过评选与定期表彰省市"十佳百优辅导员"等形式，并组织"十佳辅导员"到各个高校进行巡回报告，增强辅导员地荣誉感。高校应积极开展"优秀辅导员"创建与评比活动，将优秀辅导员纳入学校优秀教师、优秀教育工作者表彰奖励体系，每年评选一次。在对优秀辅导员颁发获奖证书地同时，也应加大物质奖励地力度，并对他们地事迹进行广泛地宣传，由此增强他们爱岗敬业地热情与创业地信心。

（二）经济上给予适当的补贴

辅导员地工作性质需要给予经济上地补偿。如学生病了，辅导员要买点东西看望；及时与学生通讯交流、出现突发事件辅导员在现场与领导联系汇报等等，都给工资不高地年轻辅导员带来了经济上地负担。辽宁省规定，按财政隶属关系，每月给辅导员200元工作补贴，这体现了学校对辅导员地关心与支持。山东建筑大学近年来学校每年拿出50多万元，用于住楼辅导员补贴与发放辅导员加班补助与通讯补贴，激发辅导员热爱大学生思想政治工作地情感。

（三）施行弹性工作模式

目前，辅导员早晨要查早操、晚上整理学生入党、奖惩、社会实践总结等材料，而白天又要与行政人员一样"坐班"，节假日还需加班，不少辅导员处于亚健康状态。学校应当根据辅导员地劳动特点实施弹性工作模式。不要求每个辅导员每天都像一般行政人员那样必须按时坐班，而改为"白天轮班、设立个性化固定辅导时间、重点保证针对重大教育活动以及重点辅导对象地工作时间"地弹性工作模式。当然，这种工作模式需要严格地考核制度来保证。

（四）关爱兼职辅导员

对专业课教师兼任辅导员与班主任，其从事辅导员工作地投入应当按照一定地比例折算成教学工作量，不仅依此给予报酬，而且这种工作量在职称评定中也应有效。在这些教师身份地兼职辅导员完成一定聘期（2—4年）地工作后，学校应给予他们半年到一年左右地学术进修时间，或者推荐选送特别优秀的人员去国外进修，以弥补他们担任辅导员工作期间可能对教学与科研业务造成的影响。

（五）施行"双重身份"管理

辅导员既是教师又是管理干部，拥有双重身份，学校要按照双重身份给予辅导员以"双线晋升"地优惠待遇，目前尤其是要解决好辅导员地职称评聘问题。要根据辅导员地岗位工作，制定职称评审标准与实施细则；要施行指标单列、序列单列、评审单列；要按学校统一地教师职务岗位结构比例，合理设置专职辅导员地相应教师职务岗位。评审中要充分考虑辅导员工作地特点，注重考核其思想政治教育工作地实绩，特别是在关键时刻地表现。

教育部《关于增强高校辅导员、班主任团队建设地意见》指出：辅导员是高校教师团队地重要组成部分，是高校从事德育工作，开展大学生思想政治教育地骨干力量，是大学生健康成长地指导者与引路人。为此，我们理应把辅导员团队建设作为增强与改进大学生思想政治教育地关键措施来抓，通过一系列地制度设计与创新，保证辅导员团队建设各部分向着职业化专业化方向发展。

第三章　高校辅导员的队伍建设

第一节　辅导员队伍专业化建设的现状

一、高校思想政治教育队伍建设现状

（一）我国高校思想政治教育队伍建设中存在的主要问题

1.部分工作者的思想素质的责任心有待提高

我国社会正处于转型时期，少数思想政治教育工作者出现了不同程度的信念缺失、信心弱化的问题。有些人没有充分的思想准备，不能解放思想，更新观念，实事求是地看待网络文化的积极意义；对社会主义和共产主义没有足够的信心，不能按要求规范人们的道德行为。

2.队伍思想观念与新形势下加强和改进思想政治教育工作的要求不相适应

有的教育者习惯于陈旧的思维定式和工作方法，不善于创造性地开展思想政治工作；有的教育者精神不振，工作得过且过，思想落后于时代；有的教育者形式主义严重，不注意提高工作的实际质量和效果，难以适应形势的发展。

3.队伍不稳定，后备队伍匮乏

现在理论教育难以吸引高素质人才。在计划经济条件下，理论教育是光荣而神圣的岗位，理论教育工作者受到社会的尊重。改革开放之后，人们通过不同的方面来实现人生价值。人们对物质利益的追求日益突出，一些理论教育工作者认为，理论教育走下了过去的神坛，不再有往日的光环。追求个人收入的最大化，成为大多数人才选择职业的首先考虑。

4.思想政治教育理论研究的水平较低

思想政治工作者对思想政治教育教学规律的研究较为薄弱。理论研究与实践造成了一种假繁荣的景象。教育实施过程办法不多、实效不大。理论研究的薄弱降低了教育队伍的科研兴趣。

5.思想政治教育者的工作环境不够理想

有的高校没有把大学生日常思想政治工作摆在应有的位置；有的不重视思想政治教育者的入职及发展培训工作，对改善思想政治工作队伍的措施不力；有的思想政治工作者待遇偏低，使队伍人心不稳。

6.队伍的发展机制有待完善

队伍的发展机制有待完善表现在教育者个人发展的保障机制尚未完善。

（1）思想政治教育队伍的发展前景不明朗，教育工作者职称评定等方面没有完善相应的制度。

（2）思想政治理论课教师的培训机制不健全。教师必须知识全面、阅历丰富，不断拓展新思维、适应新要求。但高校为教师提供的进修机会并不多。

（3）思想政治教育队伍的待遇有待提高。辅导员是大学生健康成长的指导者。在培养高素质人才的过程中，付出了辛勤的劳动和汗水。但高校辅导员的综合收入水平偏低。工作强度与劳动报酬之间的反差影响着他们的工作积极性，给学校的稳定工作带来了一定的负面影响。

7.队伍建设制度不完善

（1）相对滞后性

相对滞后性指已经建立起来的高校思想政治教育队伍制度，不能完全实现高校思想政治教育队伍的各项任务。制度建设水平不高，现实性不强。说明制度建设还不能很好适应形势发展。

（2）不平衡性

不同地方、不同时期，高校在制度建设的力度及发展水平上是有不同的。经济发达地区相对经济欠发达地区、、教育队伍制度建设搞得更好。制度建设的不平衡性，表明对教育队伍制度建设工作的认识是不完全一样的。

教育队伍制度建设既有共性，又有个性。

（3）虚拟化

指高校思想政治教育队伍制度建设的实效性问题。很多高校在制度上也作了种种规定，却难以实行或不去实行，制度常常形同虚设。这种形式主义对高校思想政治教育队伍建设极为不利。

新的形势和科学发展观的新要求，需要高校建立一支专兼结合的思想政治工作队伍。这是提高高校思想政治教育实效性的关键。

（二）产生问题的原因

1.市场经济的负面影响

市场经济是一把双刃剑，市场经济的根本目的是追求利益最大化。开放、自主、竞争、效益、公平等原则是市场经济的基本原则。市场经济负面效应会直接、间接地影响到高校干部的思想。

2.个人思想修养欠缺

在新时代的冲击下，教育队伍的问题是由社会的原因造成的，也是主观原因造成的。有人放松了对自己世界观、人生观、价值观的巩固提升，没有树立正确的世界观、人生观、价值观、权力观，思想上缺钙，功利主义思想严重。

二、辅导员队伍专业化建设的现状

（一）辅导员队伍专业化建设的现状分析

1.专业自主

自主决策权力的大小，是反映专业地位的重要指标。辅导员在个别领域的自主决策权利受到了很大的干扰。相当部分的辅导员缺乏相应的专业背景，其专业自主性和专业权力受到质疑；缺乏专业发展的领军人物，专业职称在提升专业权利上效果有限；辅导员工作严重事务化、随意化。

2.专业组织

专业组织扮演保护和造就专业人员的重要角色，是界定一个专业的门槛。当前的辅导员专业组织力量相对来讲较为薄弱，他们交流和学习的平台过小，不利于他们自我的专业发展。加强专业组织建设，是加强辅导员队伍专业化建设的重要课题。

3.专业待遇

专业待遇是专业地位的直接体现，包括与其他专业岗位比较中的差异。辅导员的工作面广，工作量大，但地位与待遇却不高。高校辅导员的待遇与他们的付出是不呈正比的，使得他们缺乏职业归属感、认同感。提升辅导员的薪酬待遇成为推进辅导员队伍专业化建设的一个基础性工作。

4.社会评价

辅导员是学生思想政治教育和日常管理的骨干教师，辅导员发挥得如何事关青年学生能否健康的成长，辅导员的作用应该是非常重要的。但社会对辅导员的评价却不高。许多人不会把他与大学教师联系起来，说明辅导员尚未完全融入高等教育体制之中。尽快明确高校辅导员的专业定位，对于高校辅导员队伍的专业化发展来说有着重要的影响。

在具体推进下，有关辅导员队伍专业化建设中，辅导员的专业地位较之以前已经有了较大的提高，辅导员的队伍建设纳入了高校教师队伍的整体建设，专业组织体系已经初步建立。但专业自主权受到较大程度的干扰，专业组织的功能没有得到有效体现。有关辅导员队伍专业化建设尚处于起步阶段。

（二）作为技术改进的专业化现状分析

1.专业道德

教育活动首先是一项道德活动。辅导员应该做到"政治强、业务精、纪律严、作风正"。对工作的渴望和投入，为人师表，忠实地履行好自己的职责。

高校辅导员缺乏职业归属感和职业理想的现象，许多人没有将其看成是培养社会主义事业建设者和接班人的崇高事业；有些辅导员不思进取，工作得过且过；有些辅导员经不住经济利益的诱惑，常常想着如何在工作之余提高自己的收入。应该着力加强辅导员专业道德伦理的建设，掌握如何在实际工作中做到在道德上正确无误。

2.专业知识

辅导员应该具备的专业知识，主要包括马克思列宁主义、毛泽东思想、邓小平理论等马克思主义中国化的理论成果；有关科普性、常识性和流行性的知识。

辅导员学科背景上的差异性，给辅导员工作带来新的挑战，所学专业和实际辅导专业的差别较大，难以形成完善、系统的知识结构。当前知识结构的不完整是辅导员专业化发展中的突出问题，工作效果不够理想。

三、辅导员队伍专业化建设的实现路径

（一）确立辅导员队伍专业化的依托学科

1.确定辅导员队伍专业学科的知识依据

专业学科的确定应当基于实现专业职能的需要，辅导员工作所需知识范畴的圈定成为审定专业学科的先决条件。必须对照辅导员工作的基本职能进行系统梳理。

（1）核心性知识。应服务于辅导员的核心职能需要。教育部明确了辅导员的核心职能是针对学生开展思想政治教育，辅导员必须掌握世界观、人生观和价值观的知识，具有判别研析时事政治的理论知识。

（2）支撑性知识。应该服于辅导员的总体职能需要。辅导员是学生管理工作的组织者、指导者，教育部明确了辅导员的总体职能是日常管理和能力培养工作。辅导员必须系统掌握有关行政管理、人才培养等方面的应用性知识。

（3）拓展性知识。应满足提高辅导员工作效率的需要。辅导员必须具备谈话的技能，在一定程度和范围内解决学生各类问题的能力，还应有针对性地学习有关科普性和流行性的知识。

2.确定辅导员队伍专业学科的基本方向

学科是与知识相联系的一个学术概念，是科学知识体系的分类。辅导员工作所需知识范畴的圈定是审定队伍专业学科选择的先决条件，对应梳理出辅导员队伍专业化所必须依托的学科方向。确定辅导员队伍的专业学科，从

而构建起支撑辅导员队伍专业化建设的合理的学科体系。

（1）确定辅导员队伍专业化的核心性学科。对辅导员工作的核心内容和要求，是完成针对学生的思想政治教育任务，坚定青年学生的理想信念。必须把马克思主义理论贯穿于辅导员的职前培养和职后培训的全过程。

（2）确定辅导员队伍专业化的支撑性学科。目前辅导员工作的基本内容来看：教育、管理、服务三大类，必须把涉及有关知识的哲学、公共管理学、社会学等作为辅导员专业化建设的支撑性学科。

（3）确定辅导员队伍专业化的拓展性学科。为有效提高辅导员的工作成效，必须把中国语言文学、历史学、体育学音乐与舞蹈学、心理学等作为辅导员专业化建设的拓展性学科。

（二）健全辅导员队伍专业化的人事支撑

1.成立独立的辅导员工作领导机构

大部分高校实行的是学校学工部和院（系）的"双重管理"，仅仅从管理层的结构设定来看没有问题，问题在学工部本身任务繁重，一定程度上造成辅导员没有明确工作界限的现实困境。应在学校成立独立的辅导员工作机构，以此提升辅导员的职业归属感。关键要细化辅导员工作的目标、权限、范围和责任，根据辅导员的专业背景、工作能力等将重心放在专项工作上。

2.严格执行辅导员的"双向"晋升制度

目前各高校对辅导员均实行了"双向"晋升模式，执行上还存在力度不足的问题。规范职称评定工作。在评聘条件上单独制定针对辅导员工作特殊性的职称评定标准，改变目前辅导员专业职称评定方向多样化和标准不统一的问题。规范行政级别晋升标准。学校组织部门统筹考虑，集中落实，切实减少行政晋升工作的不规律性给辅导员工作带来的冲击。强化督促落实。上级教育行政主管部门的督促异常重要。上级教育行政主管部门应当做好两件事，制定加强辅导员队伍建设的具有操作性政策。将对政策的执行情况纳入已有的相关考评体系中。

3.建立科学的考核评价体系

高校对辅导员的考核工作不够重视，没有深刻认识到其推动辅导员工作的重要意义。必须根据辅导员的工作态度、学生、领导和同事的评价等基本元素来建立考核指标，正确评价他们的工作，建立辅导员的职业自信。在学生、领导和同事的三者评价指标中，应将学生的评价放在第一位考虑，在学生评价、领导评价与同事评价产生冲突性时，忽略同事评价。必须成立突发事件辅导员责任认定机构。在辅导员工作范围内发生各类突发事件时，由第三方责任认定失职情况，根据认定结果做处罚或免于追责的决定，坚决避免不问青红皂白地追究辅导员责任的行为，保护辅导员群体的合法权益。

4.切实提高培训工作的效果

开展规范的培训工作是健全人事支撑的重要组成部分。国家基本上都建立了专门的辅导员培养和研修基地，培训的纵向体系已经基本成型，但培训效果还未达成预期目标。

（1）建立培训辅导员的专业师资队伍或师资库；

（2）建立辅导员的培训档案；

（3）制订规范化的培训计划；

（4）丰富培训方式。

5.提高辅导员的资格准入标准

资格认证是考察职业化教育程度的重要标志之一，高校目前在聘用辅导员上大多都实行了资格认证制度，但资格认证主要是由学校自行裁定，社会认可度也低。大多都实行在正式聘用后经过短期培训，不具有认证的实质性意义。必须实行具有较高标准的资格认证制度。建议人保部和教育部作为辅导员职业资格认定考试的认证机构，每年组织两次资格认定考试。允许具有思想政治专业背景的在校生参与考试，也允许未取得资格认证的优秀人才先参与试用工作。允许持证的资深辅导员在各高校和专业培训机构间横向流动。

6.试行辅导员人事代理制度

我国已开始逐步建立维护辅导员权益的监督机制。知识经济给人事管理带来的变化：人才素质复合化、人才劳动分散化、人事协调复杂化。建立高校辅导员人事代理制度，使人才摆脱了以人事档案为核心的对单位的依附关系，有利于高校在聘用辅导员时选好人用好人，促使他们刻苦学习、提高素质。

第二节　高校辅导员队伍专业化建设的发展

一、高校辅导员队伍专业化建设的国家战略

（一）队伍准入条件的确立

1978年《教育部关于讨论和试行全国重点高等学校暂行工作条例的通知》：为了加强思想政治工作，设立政治辅导员或班主任，挑选有一定政治工作经验的人担任。既做学生思想政治工作，又要坚持业务学习，担任一部分教学任务。

1980年《关于加强高等学校学生思想政治工作的意见》：各校根据具体情况建立政治辅导员制度或班主任制度。从政治、业务都好的毕业生中选留或从教师中选任。既要做学生思想政治工作，又要坚持业务学习。学校领导要从政治上和业务上关心他们的成长。各校可根据情况，建立一支相对稳定的政工干部队伍；学生政治工作干部，担负着全面培养学生的重要任务。；学校党委应该在看文件、听报告方面给予照顾；政工人员的物质待遇应不低于同时期毕业的教学人员的水平。

1986年《国家教委关于加强高等学校思想政治工作的决定》的第六条：建设一支精干有力的思想政治工作队伍；人员应当由精干的专职与较多的兼职组成。为保持工作的连续性，不断积累和总结经验，必须要有专职人员为骨干；要培养和造就一批思想政治教育的专家、教授和理论家。要抓紧培养新的人才。应当选拔那些政治品质好，有较高的马克思主义理论水平和政策水平、较强的组织活动能力的人。任职期间必须以主要精力从事思想政治工作，也可以安排一定时间从事专业学习和工作；思想政治教育工作的人员是教师队伍的一个重要组成部分，要在学校中造成尊重思想政治工作者的风气。

2014年《高等学校辅导员职业能力标准》颁布：高校辅导员应政治强、业务精、纪律严、作风正，应具备较强的组织管理能力和语言、文字表达能力以及教育引导能力等。必须是中国共产党党员。

2017年《普通高等学校辅导员队伍建设规定》：具备较高的政治素质和坚定的理想信念，有较强的政治敏感性和政治辨别力；具备本科以上学历，甘于奉献，具有强烈的事业心；具有从事思想政治教育工作相关学科的知识储备，掌握思想政治教育专业基本理论、知识和方法，掌握大学生思想政治教育工作实务相关知识；具备较强的组织管理能力和语言、文字表达能力，具备开展思想理论教育和价值引领工作的能力；遵纪守法，做风正派，廉洁自律。

（二）学科建设的支撑

作为专业化建设的支撑学科，思想政治教育学科不断发展壮大。1984年教育部关于在高等学校举办思想政治教育本科班的意见：为了培养、提高高等学校现有的的专职思想政治工作干部，决定在部分高等学校举办思想政治教育本科班。并明确指出，培养目标是使具有高等专科毕业文化程度的干部，提高马列主义理论水平和政策水平，提高科学文化水平和从事思想政治工作所必需的专业知识和能力。学员毕业后回原学校工作。经费由选送学校负责，学习期间享受原工资和其他福利待遇，由原学校负责。

1993年《中国改革和发展纲要》，1994年中共中央下发《关于进一步加强和改进高校德育工作的若干意见》，1999年《中共中央关于加强和改进思想政治工作的若干意见》等文件和会议，不同程度地强调了思想政治教育是一门科学，重申：按照提高素质、相对稳定的要求，建设一支政治强、作风正的思想政治工作队伍。选拔一批德才兼备的中青年干部，对思想政治工作者要注意关心和培养，对做出突出成绩的要给予表彰和奖励。

同时建立起专业组织。1984年中国高等学校思想政治教育研究会成立。2009年正式出版发行研究会会刊《高校辅导员》。标示着高校辅导员职业走向了专业化的行列。

（三）培训机制的建立

国家教育委员会于1990年发出《关于加强高等学校专职思想政治工作者正规培训的通知》针对：高等学校思想政治工作队伍年轻同志大量增加，多数没有学过马列主义、毛泽东思想理论，相当一部分理工科毕业生哲学、社会科学知识面比较窄，提出要制订长远计划，年龄在35岁以下的专职思想政治工作者，参加思想政治教育专业的专门培训。

进入21世纪，国家高度重视辅导员队伍建设。辅导员队伍建设进入了第二个繁荣期。教育部出台《普通高等学校辅导员队伍建设规定》，中国高等教育学会辅导员工作研究分会成立，高校辅导员继续攻读学位计划全国实施，使辅导员工作有条件、发展有空间、待遇有保障。

2000年《关于进一步加强高等学校学生思想政治工作队伍建设的若干意见》是辅导员专业化建设的标志性文件，坚持标准、精心培养，不断提高队伍的整体素质；加强领导，健全制度，严格要求，从切实维护高校稳定的需要出发，详实地制定了可操作的规定。

2004年《关于进一步加强和改进大学生思想政治教育的意见》有了更具体的指导意见，如选拔推荐一批从事思想政治教育的骨干进行进一步深造；采取有效措施，不断提高他们的工作能力和水平；建立和完善激励和保障机制等系列有力措施。

2005年《关于加强高等学校辅导员班主任队伍建设的意见》：第一次明确提出了要统筹规划专职辅导员的发展，长期从事辅导员工作，向职业化、专家化方向发展。2006年召开了新中国成立以来第一次全国辅导员工作会议，在会议上：要将加强辅导员队伍建设作为一项具有长期性……加强辅导员队伍的培训；鼓励开拓创新，创造性地开展工作。

2006年《2006-2010年普通高等学校辅导员培训计划》，从宏观上提出加强辅导员培训工作，是加强辅导员队伍建设的重要举措。从培训原则、主要任务、保障措施等上作出了有条不紊的部署。

2011年《教育部高校辅导员培训和研修基地建设与管理办法（试行）》，加强了对基地的检查、管理和考核，颁布了基地建设与管理基本标准。2012年教育部思政司遴选辅导员基地。2013年《普通高等学校辅导员培训规划（2013-2017年）》，提出培训的详细方案。

（四）活动载体的创新

1.选树典型促发展

从2009年开始，开展"全国高校辅导员年度人物"评选活动。2011年开展辅导员博客大赛，2012年开展"走基层"系列报道中推出了高校辅导员系列。2012年初上海市发布了《上海高校辅导员誓词》和《上海高校辅导员核心价值取向》。2013年5月教育部发布《高校辅导员誓词》。

2.工作研究出成果

2007年，教育部专门设立了47项辅导员骨干支持研究课题，根据就近原则配备了专门的导师给予指导。2008年始教育部积极开展以文会友主编出版《立德树人——优秀辅导员先进事迹选编》系列丛书，提高辅导员队伍的整体工作水平。2013年教育部：5年内选派500名高校辅导员赴基层锻炼等，从实践层面推进高校辅导员的专业化能力。

这些队伍建设的政策和举措，提高了辅导员以学立人、以德养人的能力，推进了辅导员专业化发展的进程。

二、高校辅导员队伍专业化建设的现实困境

（一）宽泛的学生工作内容体系

高校学生工作内容宽泛，是我国高等教育改革和发展的产物。在高等教育大众化和高校内部管理体制改革进程中，学生工作与学校其他工作交叉、渗透、融合并不断深化。辅导员的日常工作随之增多，其工作内容呈现出复杂性和的特点。在做好常规工作的同时，还要了解每一位学生。还要做好与学校相关工作处室的教师的协调工作，现在辅导员工作事无巨细，事务多、任务重。

（二）高校辅导员专业地位不高

2004年以来，教育主管部门千方百计从制定政策、设立项目等方面给予了力度较大的支持，但各级教育系统尚未达成共识，部分高校没有落实相应

的编制等状况，导致队伍专业化建设出现参差不齐等现象。专业学科基础比较薄弱，对整个专业化建设缺乏科学认识，使得辅导员的工作领域和角色定位仍比较模糊。大部分认为教学和科研必须由专业化的人士担任，所以有些高校，把一些教授的家属的人员安排在辅导员岗位。

高校辅导员队伍不仅专业地位不高，待遇偏低的情况。很多高校在相关福利待遇方面总是与职称、学历挂钩。辅导员除了日常的事务性工作，难以拔得头筹，得到同等经济回报。在高校，待遇普遍低在较大程度上挫伤了他们在事业上的进取心。

（三）高校辅导员队伍不稳定

1.高校辅导员对所从事的工作抱有临时性观念，缺乏规划意识

多年来，"非职业化"没有及时解决引发了许多现实问题，如职业理想的缺乏等。尽管，教育部连续出台了一系列行之有效的政策，为辅导员的职业发展指明了方向，但政策与待遇难以落地，培养计划与教育的实际操作不配套，心理预期出现严重落差。由于在岗辅导员对前途的迷茫，少数辅导员无规则流动，从前任同行中难以找到工作的成就感，看不到今后自己的从业方向和努力目标。

2.高校辅导员在岗时间短，人员更替频繁

辅导员工作要不断结合形势变化研究解决大学生中不断出现的各种问题，辅导员工作必须满足大学生从外到内培养的需要，还要辅之以沉稳练达的心理和多方面知识的有机构建。在当前各高校辅导员中，工作时间不足4年的占2/3还多。这一结果极大地影响了辅导员队伍的稳定性，不利于辅导员队伍经验的积累和传承，制约了辅导员队伍向专业化方向的发展。

（四）高校辅导员结构不稳定

1.高校辅导员队伍年龄构成不合理

高校辅导员队伍的年龄结构是根据从事年限来划分的，反映着其生存和发展的自然基础状态。目前高校辅导员队伍呈年轻化趋势。辅导员队伍年轻化的优势是富有朝气，容易与学生打成一片，更容易理解学生的想法和行为；可以较好地适应当前大工作量等的要求。然而，刚毕业参加工作的辅导

员，理论功底不深，难以站在理论高度为大学生释疑解难。

2.高校辅导员队伍的学历、职称与职务普遍较低

学历结构是指高校辅导员队伍的学历构成。学生对辅导员有潜在的期望心理。如辅导员能够在学业上给予帮助，学生会以一种仰视的目光倾听。随着国家政策的进一步实施，辅导员群体的学历结构在不断地优化。

职称结构是指高校辅导员队伍的职称构成。辅导员具有的双重身份，副科级以下占83.2%，正科级占10.2%。据柏杨的调查：行政职务中，副科及以下占63.10，正科占28.91%。在专业技术职务方面，初级及以下占43.05%，中级占50.68%。整个队伍高层次的职称、职务比例相对较低。高校辅导员队伍的专业技术职务在对应层次上明显低于专任教师。

（五）高校辅导员队伍的专业素养较低

高校辅导员工作涉及多学科，其内容涉及大学生日常教育和管理、个性发展设计与引领等一系列工作。高校辅导员必须是一个复合型的人才。但就调查结果显示，高校辅导员绝大多数还达不到这一要求。

高校辅导员队伍的科研水平也较低。理论是行动的先导，辅导员必须提高自身的科研能力。高校辅导员队伍承担高层次科研项目的比例低，科研能力较弱。在最近三年能在学科级核心期刊发表学术论文的仅占11.31%；一般期刊公开发表过学术论文的占51.78%。在学术著作方面独立撰写并出版学术专著的辅导员更是屈指可数。

（六）高校辅导员队伍的培养培训工作薄弱

提升辅导员队伍专业化水平的一个重要途径是进行辅导员培养培训，很多高校对辅导员的培训力度远远不够，在培训教材、培训师资力量和培训课程体系上有较大的缺口。只能通过自我学习来实现自我提高。我国高校辅导员队伍的专业化受到多方面因素的影响和制约，辅导员队伍专业化发展缺乏制度保障，队伍专业化的制度建设与理想还存在着一定的差距。我国辅导员队伍的专业化水平不高，辅导员的自身素质良莠不齐和职业声誉较为低下。高校辅导员队伍专业化发展的过程不是一蹴而就，必须坚持不懈。

第三节　高校辅导员队伍建设新姿态

一、北京高校辅导员队伍建设模式

北京高校辅导员发挥熟悉学生、联系学生的优势，扎实工作，在历次学生突发事件中成为维护首都稳定的重要组织保障。

北京高校已有专兼职辅导员3500多名，具有博士、硕士学位的辅导员达到总数的16.3%和46.5%，为学校教学、管理、服务等岗位提供了充足的人才资源。在2005年制定实施了"三类三千人培训计划"。又建立了辅导员培训基地和学生事务研究基地：

（1）课程平台，研究设立了政治素质与专业素质结合、理论教学与案例教学结合等培训课程体系；

（2）进修平台，招收一定数量的优秀辅导员进行进修；

（3）交流平台，组织辅导员骨干到国内外学习考察；

（4）科研平台，组织辅导员开展研究。

北京在全市研究建立辅导员职业发展体系，推动辅导员工作职业化、专业化发展；鼓励结合学校传统与工作实际进行探索实践。如以清华大学为代表的优秀学生和专业教师兼任辅导员的双肩挑模式，以北京工业大学为代表的帮助辅导员全面发展的职业化模式等。多样化激发了辅导员的工作热情，为队伍发展拓展了广阔空间。

北京市还建立了一套督促检查和激励机制。对各高校加强大学生思想政治教育、辅导员队伍建设进行全面督查。加大激励力度，加大对优秀辅导员的宣传。

北京市委教育工委有关负责人说，在辅导员队伍建设上还要拓展更加开阔的来源；制定更加科学的准入标准；构建更加规范的管理体系，；探索德育队伍的整体优化，尽量汲取一切有利于提升辅导员工作水平的积极因素。

二、上海高校辅导员队伍建设模式

（一）上海高校开始辅导员职业化试点

随着高等教育进入大众化时代、完全学分制的推进以及毕业生就业制度改革的深入，辅导员队伍建设必须适应新形势，在职能定位、队伍结构、职务待遇、教育培养等方面都要精心设计，实现优化组合。

1.优化队伍结构

制订学校德育五年发展规划，提出队伍建设的思路和目标。明确辅导员是大学生日常思想政治工作的主要承担者。顺应学生组织形态的变化趋势，在院系层面按照工作职能配备党团建设、职业发展指导等专业化辅导员。从在读研究生、机关干部等中吸收优秀人才充实辅导员队伍。如复旦大学实施"人才工程"预备队制度，12年来，培养了500多名青年才俊。

2.完善制度设计

在专业技术职务评聘上，设立了"学生思想政治教育"职务序列；明确辅导员的岗位职数、职责和津贴标准。如华东师范大学已评聘了两位正教授辅导员。制订了辅导员晋升的管理办法，设定科学的指标体系，采用定量与定性相统一，将考评结果与辅导员的发展和待遇直接挂钩。从1996年开始，开展两年一度的"上海市高校优秀辅导员"评选活动，弘扬先进。

上海大学推行辅导员职级制，走专职的路子。上海师范大学有160多名专兼职辅导员，普遍是党员并具有研究生学历，大多未出过校门，确乏专业化的培训。学校决定设立辅导员证书制度。辅导员都要分批分期进行轮训，辅导员都将持证上岗。

（二）高校专职辅导员与公务员人才"对流"

上海下一步将建立辅导员和公务员的人才双向交流机制。建立辅导员与校内专业教师以及校外公务员、职业咨询师等岗位的双向交流机制。要建立思想政治教育专业技术职务与其他技术职务的衔接机制；聘任高一级专业技术职务时，要充分考虑辅导员工作的实际工作经历和研究成果。

上海还建立起了专职辅导员与公务员、职业咨询师等岗位的双向交流机制。工作满4年且考核优秀的专职辅导员，报考上海市公务员相关职位时要给予一定优惠；提供相应的职业能力资格认定。新聘辅导员应为中共党员，有相关的学科专业背景；专业教师职务晋升时，原则上应有辅导员或本科生导师等学生工作经历。

上海市建立专职辅导员与公务员、职业咨询师等岗位的人才双向交流机制，形成人才流动的"活水"。随着政府关于辅导员一系列优惠政策出台，辅导员岗位将成为一个不亚于公务员的热门职业，辅导员岗位的门槛和对人才的要求必然会进一步提升。

（三）大力加强辅导员专业化培训力度

上海市科教党委、上海市教委根据本是市高校布局特点，制订辅导员职业能力培训计划，建立多层次的培训体系。按区域建立7个日常培训基地；编写教材，建立题库，严格考核；对新上岗辅导员分片开展岗前培训；实行严格的准入制。各高校充分发挥自身的资源优势，开展研究型学习，作为辅导员年度考核的重要指标。鼓励辅导员攻读高一级学位和双学位，提高他们的专业水平；建立国情教育和学生事务管理培训基地。已确立了学生生活园区、职业发展等三个方向的培训。

（四）让辅导员有自己的"码头"

辅导员应该有自己的"码头"，没有工作水平的评估和在评估基础上的认定，会让辅导员原地踏步，有认定，才能真正改变辅导员的现状。

随着改革开放的不断深入，各种思想文化相互激荡，着力提高大学生的思想政治素质是当务之急，辅导员肩负着重大使命。不是什么人都能做好辅导员工作的，他们要具有自己所学专业的知识等方面有共同的语言，又必须具备思想政治工作的相关专业知识和技能。必须在高校形成与这支队伍工作性质相匹配的管理体制，应在岗位聘任、评价激励等方面作出恰当的制度安排，要在他们与社会工作者、公务员队伍之间搭建"立交桥"。

（五）拟建高校辅导员协会

上海拟建立高校辅导员协会，协会将以服务辅导员、改进工作方法、增强职业归属感为宗旨。为保证队伍建设说的起始水准和发展潜力，推行"先培训、后上岗"的准入制。上海市着力对新辅导员进行岗位专业培训，高校辅导员协会成为广大辅导员自我教育的学校、自我服务的平台。

三、高校辅导员大有作为

（一）江苏建立高校辅导员队伍建设激励机制

江苏省提出"高进"、"精育"、"优出"的辅导员队伍建设工作机制。学校既可以按照辅导员职称评审标准，评聘思想政治教育学科的专业技术职务，同时根据工作年限和实际表现晋升相应的职务。通过设立非领导职务岗位，解决他们的职级和待遇问题。江苏省：辅导员队伍建设将坚持"专职和兼职相结合"的原则，形成"专职为主，专兼结合"的格局。逐步实行辅导员试用期制度和准入制度。

"十一五"期间，江苏省设立高校辅导员培养培训专项经费。鼓励有志于从事学生教育的优秀辅导员走专业发展道路。根据本人的条件和志向，有计划地安排优秀辅导员出国培训进修。为加强和改进大学生思想政治工作奠定坚实可靠的组织基础。

（二）天津启动高校辅导员队伍建设四大机制

天津大学逐步建立准入、培训、评价和政策四大联动机制，提供职业规划与继续深造。

（三）辽宁打造高校辅导员队伍建设"绿色通道"

辽宁高校共有专职辅导员2718人，为此开设两个硕士研究生班；06年全省新任辅导员参加了岗前培训。在职称评聘等方面对辅导员予以倾斜。

第四节　高校辅导员队伍专业化建设的实践构想

一、高校辅导员队伍专业化建设的学科支撑

（一）辅导员专业化建设的思想政治教育哲学基础

1.思想政治教育目的论为辅导员队伍专业化建设提出了方向性要求

思想政治教育的目的是指对教育对象通过采取一定的教育活动，目的设置为活动的开展提供依据和动力，为活动效果的检验提供标准和依据。

思想政治教育的目的是一个价值体系，根本目的是要提高人们认识和改造主客观世界的能力，不断提高人们的个人品德、职业道德和社会公德。凡是有利于实现这个根本目的的，都应坚定不移地坚持和维护。

为实现根本目的，还需要有一个个的具体目的。在不同的历史时期、不同的发展阶段、不同的领域有不同的指向。现阶段是实现两个百年梦想的战略任务。

高校辅导员作为开展大学生思想政治教育的骨干力量，作为对大学生进行理想信念教育的主体，辅导员具有深厚的理论素养和扎实的理论功底，才能正确地引导学生，才能真正达到"政治强、业务精、纪律严、作风正"的要求。进入新世纪新阶段，个别大学生不同程度地存在政治信仰失真、价值取向失向、社会责任感缺乏、团结协作意识较差等问题。辅导员中也存在着职业理想缺失，政治立场不坚定、应对突发事件能力不佳等问题，影响大学生理想信念教育的工作实效。这迫切要求我们创新工作理念，要加强对辅导员职业理想塑造。

辅导员是接受教育的客体。辅导员与学生之间的亲密关系是双方在思想政治教育情景中，这种关系决定了在理想信念教育过程中的双重角色。高校辅导员应自觉用社会主义核心价值体系来指导自己的工作。加强辅导员职业理想的塑造，能帮助辅导员树立以学生为本，灵活掌握大学生思想政治教育

的方法，更好地在大学生思想引领、成长成人成才上下工夫。高校辅导员工作必须始终坚持育人为本，德育为先。信仰建设是确立信仰和稳固信仰的过程。经济体制发生了深刻变革，利益格局发生了深刻调整，文化、思想、价值观念发生了多元碰撞。马克思主义信仰具有其他任何信仰都无可比拟的优越性，马克思主义信仰体现了真、善、美的高度统一，追求与时俱进，具有永恒的生命力。中国青年没有对改革开放进程中发展的马克思主义有深切的体会，坚守马克思主义信仰成为当前中国青年信仰建设的重点。超越过去对马克思主义的盲目崇拜，做到内心真正认同、笃信马克思主义、发展马克思主义、践行马克思主义。

2.思想政治教育过程论为辅导员队伍专业化建设提供了重要的思想指导

思想政治教育的过程论是思想政治教育学理论体系的核心，指教育者根据一定社会的思想政治要求形成发展的规律，促使受教育者产生内在的思想矛盾运动，把一定社会的思想、道德规范转化为个体的思想政治素质。综合学界的观点：复杂性和广泛的社会性，复杂性是思想政治教育过程要受到一定的社会条件的制约，需要实现自身的社会化。实践性即一切人类的活动都是实践的，在社会历史条件下的实践活动中，活动过程才能得以实现。思想政治教育过程的同时性指在实际的教育过程中，认识、意志和行为等因素同时起作用。长期性与反复性是由人的思想素养的形成，具有长期性和反复性的特征。

思想政治教育的过程理论是对思想政治教育活动程序的认识。思想政治教育规律性和本质的认识程度决定着活动开展过程的目标设计、方法取舍。思想政治教育的特殊矛盾：社会的思想政治要求与受教育者实际的思想政治素质间的矛盾。人作为主体，素质的形成是主观内部因素和客观外界条件的积极影响的产物，主体通过自我建构，实现将社会所要求的价值观念、道德规范内化为受教育者的思想政治意识。

思想政治教育目标的实现是思想政治教育过程最直接的结果，人的思想道德素质的形成与发展是在一定的价值引导下完成的。统治阶级的思想在每一时代都是占统治地位的思想。一个阶级是社会上占统治地位的精神力量。

思想政治教育目标体现着社会对个人的思想道德要求。思想政治教育者向教育对象所提供的教育内容，是以特定意识形态为核心的思想价值。思想政治教育目标通过教育者创设的价值环境来实现的。思想政治教育过程中体现着思想政治教育作为"有目的、有计划、有组织"的活动的本质要求。关于理论如何转化为实践的问题，马克思：理论只要说服人，就能掌握群众；理论只要彻底，就能说服人。彻底就是抓住事物的根本。

高校辅导员是思想政治教育实践活动的主体和主要承担者，作为思想政治教育工作者，是社会分工赋予的权利和职责。他们的行为代表着国家意志、组织行为。根据高校辅导员个体素养的差异，通过理论学习，通过活动参与，提高了理论素养，用人格凝聚和活化思想政治教育功能，增强了教育活动的亲和性和实效性。一个人的成长，取决于其建构的积极性和主动性。

思想政治教育基于现实世界来合理设计人生和实现自我建构。一个人的思想政治素质要达到较高水平，必须日积月累，循序渐进。高校辅导员在教育过程中应把握教育的具体规律。高校辅导员在进行思想政治教育活动中要自觉运用客观规律，充分用好国家、校等的政策优势，通过主体的积极建构，积极争取大学组织的主导，充分发挥主体的主观能动性，逐步实现专业化。

3.思想政治教育方法论为辅导员队伍专业化提供了具体方法指导

思想政治教育方法是实现思想教育目的的重要手段。解决思想问题要解决世界观、人生观、价值观的问题。自觉选择和运用思想政治教育的科学方法，是完成思想政治教育任务的关键。

思想政治教育方法是教育者与受教育者互动联结的纽结。生活中常常需要绳索来打结，这些绳结就是纽结的实物。社会学家吉登斯的结构化理论告诉我们辅导员只有融入自己的职业中，不断的反思，用各种资源来活化自己，才能成长。高校辅导员在学习、情感、就业创业等方面容易产生困惑。要善于选择符合人的身心发展特点和思想品德形成发展规律的科学方法。人的思想认识归根结底来源于实践，个体的社会化也只有在实践中才能不断完善，要充分考虑人的决定因素和方法的中介因素。在思想政治教育的过程中，满足教育目标的不同要求，教育对象不同性质的思想问题及其产生原因的差异，选择适当的解决方法。针对性是实事求是，"对症下药"解决不同的问题。综合性：思想政治教育者要综合分析教育体系内部各要素在教育过程中呈现的特点，把握不同教育方法时兼顾各自特点及共同趋向，形成教育合力。

高校辅导员在思想政治教育过程中，必须正视现状，面对着经济全球化浪潮的强势推进，现代科学技术的强劲发展，面对着大学生已然深刻改变了的思想活动特点，从实际出发，不断研究新情况，探索新方法，克服教条主义和经验主义。面对现代社会发展的丰富内容，开拓创新，运用系统的思维方式，从整体上思考问题，预见问题，解决问题。说理与批评相结合、批评与自我批评相结合等原则的基础上，坚持主导性与主体性相统一的原则，在继承中发展，在探索中创新。唯有在科学理论的指导下，坚持方法及方法论的创新发展，发挥出应有的功能，充分实现其价值。

（二）辅导员专业化建设的教育哲学基础

1.人的全面发展理论为辅导员专业化建设提供了理论支撑

"人的发展"是马克思一生始终关注的一个重要问题。《1844年经济学哲学手稿》中马克思：共产主义是使人作为一个完整的人占有自己的全面的本质。《共产党宣言》中把人的发展概括："自由发展是一切人自由发展的条件"。

马克思主义人学深入揭示了人的实践主体等主要身份，实践主体是首要而核心的主体，根据自身需要去认识、生产客体，从而解放自己。实践分为生产实践和交往实践，"生产实践"：生产者依照自身需要对劳动对象进行加工改造，以期最大限度地改善人与自然的对象性关系；"交往实践"：处理并优化人与人的对象性关系的活动。交往双方虽可依其自主性强弱建立主客体关系，任何社会人都是交往主体；各人自主性领域各有不同，交往中极易出现主客交错。人的全面发展包括体力和智力的个体劳动能力的全面发展，劳动改变人自身。

"价值主体"是马克思主义人学赋予"现实的人"的第二重主体身份，

"人作为自然的、肉体的……他欲望的对象是不依赖于他的对象存在于他之外的……"人与客体之间需要得到中介且优先于认识关系,主体对客体有需要,才驱动主体深入地认知客体。人是唯一的价值主体,内在需要是唯一的价值尺度;人的价值评判和价值创造是丰富多彩的;人的价值评判和价值创造具有不断优化的历史总趋势。《德意志意识形态》中将人的需要划分为生存需要、享受需要和发展需要。发展需要将逐步成为最主要的组成部分,劳动者最关心是自身完善和自我实现。王逢迎教授认为人应予以真诚地、彻底地关心、爱护和帮助。最高层次发展需要应从四个方面考虑:

（1）从理智和情感的高度统一上形成满足发展需要的责任感;

（2）将这种高尚的责任感播撒到社会的各个层面;

（3）终极关怀的最高目标是促进人的素质全面发展;

（4）终极关怀应是来自社会、他人和教育。

思想政治教育是党的生命线,主体和客体都是具有自主能动的人,是典型的兼具主客体性和交互主体性的交往实践。

高校辅导员作为思想政治教育工作者的重要组成部分,主要表现在:

（1）思想上,他们始终保持了先进性与创造性,依靠真理的力量说服人。他们固然是"党的思想政治代言人",他们是理解并内化了党的政治思想的言传身教者。

（2）政治上,他们始终依靠正确的政治理念启迪别人,促进他人发展。

（3）教育上,他们始终保持了自主性和艺术性,强调用有效的教育艺术启发人。

高校辅导员在专业化的进程中实现自身和服务对象共同的全面发展。如在从事教育与引导时,要主动参与思想道德修养与法律基础;组织开展多种形式的主题鲜明的教育活动,深入了解学生思想状况,有针对性地开展日常思想政治教育工作。如从事学风建设与学业辅导时,加强与事务管理人员、学业导师的沟通,有的放矢地开展选课指导,帮助学生明确学习目标、设计学习和职业生涯规划。如针对群团工作指导时,需做好学生党团员发展和教育管理工作；做好学生会、青年志愿者组织等。在"交往实践"中实现与"价值实践"的统一。

2.生活教育论为辅导员专业化建设提供了现实基础

人类社会是一个有机体。教育尤其是高等教育的机制和功能是人类社会所特有的。人类自从创立了教育以来，等于创造了一种自我调节的完善的机制与功能。素质教育的提出，呼唤教育理论的创新。陶行知的生活教育理论将生活教育定义：给生活以教育，为生活向前向上的需要而教育。

陶行知的生活教育主张，反对教育与生活脱离，主张生活教育。他强调：没有生活做中心的教育是死教育。没有生活做中心的书本是死书本。

陶行知的生活教育主张，反对为读书而读书，将教育与生活完全融为一体。陶行知指出：学做合一是生活现象之说明，对己之长进说是学，对人之影响说是教。他提倡在教育过程中，教育者要用马克思主义的基本原理提高他们的思想认识，引导受教育者积极参加社会实践活动，陶冶情操，锻炼意志，以培养言行一致的优良品德。康德认为，学校教育要适合人的思想和人的生命成长。人性中潜藏着诸多尚未萌发的和美的"芽苞"，贯彻知行统一原则，要求思想觉悟和道德品质需不断提升，组织受教育者参加各种实践活动，化理论为方法。

对于高校辅导员们来说，教育更要引领社会文明进步；教育是全社会共同的事业，它没有终极目标，需要我们从服务的对象开始，以价值为灵魂，以制度为保障，以公平为基础。学生的思想差异、行为差异、不同的家庭在社会地位、生活方式的方法等方面存在很大差异，要求高校辅导员践行生活教育论，根据受教育者的个性、特长、发展水平，了解他们，研究他们。从实际出发，有针对性地开展工作，使每个受教育者能结合自己实现全面发展。生活教育是具体的。必须建设符合他们个性特征的生活教育载体，让他们在实践中长才干。把促进学生的自由全面发展和个性化发展作为工作的出发点和落脚点。

（三）辅导员专业化建设的心理学基础

1.多元智能理论为辅导员专业化建设提供了心理学基础

多元智能理论是加德纳于1983年提出的。他把智能定义：在实际生活中解决所面临的实际问题的能力、对自己所属文化提供有价值的创造。人类拥有的智能涵盖：

（1）用语言思维、表达欣赏语言深层内涵的语言符号智能；

（2）用计算、量化和假设进行复杂数学运算的数理逻辑智能；

（3）利用三维空间的方式进行思维的视觉空间智能；

（4）操纵物体和调整身体的运动智能；

（5）感知音调和音色等音乐节奏智能；

（6）有效地理解别人和与人交往的人际关系智能；

（7）建构正确自我知觉，计划、导引自己的自我认识的智能；

（8）观察自然界中的各种形态，洞察自然或人造系统的自然观察的智能。心理学家班杜拉：许多行为是通过观察学习得来的。

心理学家埃里克森把个人发展历程分为八阶段论，青年期是发展过程的关键时期。青年第一次独立面对所有的重大问题：职业选择、交友婚姻等，从而表现出多种角色的冲突。角色的不确定导致了自我同一性的混乱。虽然是应该且有能力承担诸多社会责任和义务的成人，但并未真正尽到责任和义务。作为高校辅导员，要把实现社会化与加强自身修养结合起来，养成主动、积极、乐观、健康的生活习惯，在主动建构和不断观察优秀工作风格的同时培养良好的竞争力、自我管理能力和快乐感受力。

2.心理契约理论为辅导员专业化建设提供了成长的方向指引

社会心理学家Robert Eisenberger提出了组织支持认知理论，员工对组织如何关心自己和重视自己贡献的认知。员工愿意在互惠原则的基础上，以工作努力换取组织提供的资源和奖励。

职业是一个比较复杂的，其成功不仅取决于辅导员自身的个性，其能力、态度等个人因素也会起到相应的作用。根据系统论的观点，职业成功的因素是内部因素和外部因素有机的结合。组织支持认知理论主要包含：

（1）采取主动的支持措施；

（2）有效地传达高层管理者的支持。高层管理者应当展示出对辅导员的积极的评价，通过实际行动来表现对辅导员的薪酬和福利的关注；

（3）取得上级支持。上级的支持措施有助于辅导员产生好感。上级对下级员工的方式，以及员工对上级的评价，应部分地成为公正的监控机制，显示出组织对员工利益的强烈关注。

高校辅导员作为与学生接触的一线知识型人才，自身具备良好的心理素质，了解心理健康的相关知识，积极引导青年大学生遵循客观规律，在守护青年大学生健康成长中不断提升专业化水平。

3.关心理论为高校辅导员专业化建设提供了新的研究视角

诺丁斯的关心理论为高校辅导员专业化发展提供了新的视角。她认为教育在某种程度上是道德的，旨在提升受教育者的伦理理想。从关心伦理的角度出发，她认为道德教育包含：榜样、对话、实践和证实。她认为关心是一种关系，以关系为中心，关心的本质是关心方与被关心方的关系。另一方面也有赖于被关心方的态度和感受能力。她将关心的本质与教育联系起来，认为教育是为了得到较高收入的工作做准备，理想的教育应为抚养孩子成长做准备，为审美做准备，为全部的生活方方面面做准备。在教育中体现关心，要使每个人充分实现他的潜能。她认为对话把人们联系在一起，充分论证，使人们有可能建立一种充满关心的人际关系，来证实人与人之间的每一次接触都可能形成一种关心的关系。

高校辅导员专业化发展更应关注精神世界，要发动他们的情感。诺丁斯认为教育本应是充满激情与智慧的，教学只有融入了整体性的情感与智慧，课堂才能充满生气与活力。高等学校的课堂需要教师将自我的热情、价值观等都投入到教育实践中去，建构对教育生活的体验与态度，成为共同成长的学习共同体。高校辅导员在专业化建设过程中应该遵循关心理论，尊重个性发展的差异性和独特性。

关心是教师职业的基本特点，进入了教师职业就是进入了一种关心关系，这是教师与其他职业的最大区别。《什么是教育》：教育意味着一棵树摇动另一棵树，一个灵魂唤醒另一个灵魂。关心理论的基础是尊重，应该平等对待。高校辅导员和大学生的有效互动：在思想政治教育活动中辅导员与学生均以主体身份出现，以实现思想政治教育价值传递和学生全面发展为目标。辅导员是接受教育的客体。辅导员与学生在思想政治教育情景中，通过相互交往形成的一种最为重要的人际关系。高校辅导员应用社会主义核心价值体系指导自己的工作，树立为人师表、勤于学习、善于创新的职业理想。

在高校大学生思想政治教育的工作系统中，辅导员是上下沟通联系的桥梁。辅导员应该注重一些社会现象对大学生的影响，利用好职业教育和人生规划的时机，开展感恩教育、诚信教育和责任教育。辅导员必须深入大学生的人心，真正践行思想政治教育工作的组织者、实施者和管理者。从人类共同的本性出发建立关心与被关心的关系，增强和调动大学生参与接受思想政治教育的自主性。

（四）辅导员专业化建设的管理学基础

高校辅导员首先要正视自己的职业。"职业"由"职"与"业"两字构成。"职"包含着社会责任、权利与义务。"业"包含从事业务、事情的意思。职业生涯是指个体职业发展的历程，每个人一生中连续从事的职业，包括个人对职业生涯发展的看法、价值观和期望。以人的潜能开发为基础，以满足各种需求为目标的工作经历和内心体验。

1.萨柏的职业生涯阶段理论为辅导员专业化建设提供了认识的基础

萨柏以美国白人作为自己的研究对象，把人的职业生涯划分为：成长阶段、探索阶段、确立阶段、维持阶段和衰退阶段。萨柏的探索和确立阶段对辅导员职业规划有着一定的启示作用。

有效性集中体现在：花费最少的资源投入，取得最大的、最合乎需要的成果。也就是怎么做的问题。高校辅导员的工作绩效，要从工作效率和质量多方面来考察。在一定的环境下开展工作，必须正视环境的存在；管理的理念要与时俱进，采取科学的管理方式，创造性地开展工作。

2.格林豪斯的职业生涯阶段理论为辅导员专业化建设提供了实施的可能

格林豪斯更喜欢对不同年龄阶段职业生涯面临的主要任务进行研究，

应从职业准备阶段、组织初入阶段、适应初期、习惯中期和保守后期进行分析。

什么是高校辅导员？职业职责是什么？如何实现辅导员专业化建设？从辅导员个体看，辅导员根据教育部令第43号令分阶段来规划自己的职业生涯。从主管部门看，根据辅导员的岗位基本职责、任职条件等要求，制定辅导员作为高校教师的职称评聘的具体条件。从人才培养的角度，充分考虑辅导员个体的个性差异。高校辅导员应清楚了解自己的兴趣、价值观、背景和资源；充分整合，使辅导员个体与组织的期望相吻合。

高校辅导员对工作领域进行有效划分是工作专业化的关键。面对大学生的日常实际生活，辅导员工作是复杂而丰富的，难以包揽所有工作的专业化任务。职业的丰富性须与大学生生活的常规性结合起来。高校辅导员承担着教会学生应遵循的道理和准则的重要职责。对大学生进行理想信念教育应从大学生的生活实际入手；关注他们的个人理想，引导他们将社会长远的崇高的理想融入个人近期的生活理想之中，将价值引导与其自主价值的建构结合起来，注重教育与管理的结合。辅导员要形成专业化工作、研究方式，确立面向所有学生的管理理念。

3.职业生涯发展"三三三"理论为高校辅导员专业化建设提供了本土化的参照

廖泉文教授将人的职业生涯分为三大阶段。三大阶段是一个弹性边界，具有个性化、弹性化和开放化等特点。每一阶段又分为：适应阶段、创新阶段和再适应阶段。各子阶段又可分为：顺利晋升、原地踏步、降到波谷——职业生涯发展的"三三三"理论。

认识职业生涯不同阶段可以帮助辅导员理清自己的职业生涯。辅导员职业阶段的特点，决定了发展阶段的主要工作成效。"三三三"职业发展阶段理论要将自己年龄的发展轨迹与自身作为高校辅导员的岗位职责紧密联系。

二、高校辅导员队伍专业化建设的实践构想

（一）辅导员专业化建设宏观层面从"自在"转向"自为"的实践构想

1.加强工作督查促进文件贯彻落实

（1）确立标准体系，加强职业能力落地

标准是质量的基础，质量是标准的目的。《高等学校辅导员职业能力标准》对于辅导员队伍建设具有标志性的意义。《标准》的出台凝聚着国家教育部及各高校党委、人事管理等部门负责同志、辅导员代表等的心血。在实际工作中，按照职业化标准进行专业知识和织业技能培训，提高专业化水平；在若干个具有丰富思想政治教育经验的高校中设立辅导员岗前培训基地，对新任辅导员进行系统培训，提高岗位适应能力，逐步建立新聘辅导员持证上岗制度。

各地各高校以《标准》颁布为契机和动力，要按照《标准》的规定与要求，全面推进高校辅导员专业化建设。队伍专业化建设只有把好人口关，才能更好地开展培养工作。检查各高校辅导员制度的落实情况，像检查各高校本科教学一样，与高校的各项指标体系的编制挂钩，才能推进辅导员专业化建设的进程。

在加快推进高校辅导员专业化建设的进程中，从宏观层面上已经做出了巨大的努力，教育部应该加大力度在辅导员招聘入口严把质量关。

（2）完善培训机制，优化职业能力结构

①对于新入职的辅导员，一定要严格按照《标准》的规定，必须具备思想政治教育工作相关学科的宽口径知识储备。美国学生事务从业人员的入职要求充分地展示了他们的魅力。教育部令第24号颁布后，普遍要求为硕士学历。以美国心理辅导员为例，需要具有心理咨询、学生发展等方面的硕士学位，这些值得我们借鉴。我国大多数高校还处在强调学历的阶段，间接导致现有辅导员群体思想政治教育学、法学、伦理学等基本理论功底差。美国高校管理分工细密，十分注重应聘者所学专业与其岗位匹配的问题。我国辅导员招聘时更强调"管理"的经验，对于工作的实际效果却无从考察和验证；

美国特别提出，优先录用具有两年以上相关工作经验的应聘者。

纵观我国高校辅导员队伍入职的基本程序，可原有审阅应聘材料的基础上，增加心理能力测试。根据新入职辅导员的专业特征、语言风格等特质，开展共性培训和个性化培训。

②已入职的非思想政治教育相关专业毕业的辅导员，要依托省市辅导员培训基地，依托辅导员研究会、辅导员协会，开展补课活动。在有条件的辅导员培训与研修基地，主要加强马克思主义理论等的学习。通过每年分批分类学分制培训的方式，增强理论学习的自觉性，达到专业化辅导员的制度自信。

现在活跃在思想政治教育领域的一些专家学者很多人都走上了高校领导岗位，如清华大学在1952年物色的第一批辅导员工作的同学，积极响应学校党委的号召，走向了"双肩挑"的辅导员岗位，不断增强理论素养。

③从2008年起，教育部招收高校辅导员系列思想政治教育专业博士，在推进高校辅导员专业化建设中起好表率和引领作用。鉴于博士学位的学习只是一个过程，他们的问题意识、科学研究能力、创新意识还存在很大差距，定期召集他们接受思想政治教育领域的专家面对面的指导；引导他们关注思想政治教育领域的前沿问题；对于全国高校辅导员年度人物，拍摄影像资料，进行在线分享，不断提升辅导员专业化的水平。

不管是新入职的辅导员还是已入职的辅导员，都应结合《普通高等学校辅导员培训规划（2013-2017）》，对辅导员培训工作作出有的放矢的部署。通过培训实现职业能力结构的优化。

2.精心树立先进典型培育职业精神

辅导员队伍专业化、职业化建设不断推进，成为引导学生全面发展和维护高校和谐稳定的中坚力量。大学生年度人物和辅导员年度人物是引领广大青年见贤思齐的青春模范。刘云山曾提出：要充分发挥道德模范榜样作用，广泛开展向道德楷模学习活动，让全体社会成员学有榜样、赶有目标。截止到目前，共评选了六届全国优秀辅导员年度人物，宣传新一代高校辅导员爱国奉献的坚定信念、甘为人梯的思想品格，宣传高校先进的实践经验，对进一步推动高校辅导员队伍专业化建设有着重要作用。

（1）选树先进典型，形成持久效应

典型主要是指辅导员个体专业化的典型和教育部高校辅导员培训与研修基地的典型。通过树立他们为政策执行者的先进人物、先进基地，强化和激发广大政策执行者学争先进的氛围。通过选树院校和基地的典型，为其他院校和基地提供直接参照，如对复旦大学辅导员形成了一个整体的宣传网络，使榜样的力量得以持续，不仅促进辅导员学赶帮，更可以在倾听、先进典型事迹中领悟，在领悟中反思、学习和创新。

（2）宣传典型做法，形成制度合力

为及时总结贯彻落实辅导员专业化建设中的进展情况，可以发挥多种宣传渠道的优势，为政策执行者提供参考思路和案例。

从国家宏观层面要把握政策推进的节奏，形成宣传合力，可以充分发挥新媒体，如微博、微信、网络学习平台等网络平台，通过各种渠道形成立体宣传网络。单一经验如辽宁工程技术大学探索实施辅导员工作课程化模式；2013年教育部《加强和改进大学生思想政治工作简报》和《中国教育报》头版头条进行了专题报道。综合报道如东北师范大学，高端媒体上几乎涵盖了人员选聘、培训、晋升等；只有形成全面宣传的格局，有利于推进辅导员专业化建设不断与时俱进。

3.潜心提炼重点经验形成制度升华

（1）交流成功经验，不断吐故纳新

通过组织交流政策的成功经验，在交流中及时地完善。高校辅导员与学生朝夕相处，是日常思想政治教育的骨干力量。当前80后辅导员占很大比例，有利于他们与学生更好地沟通，但在担负"人生导航"职责时存在着"辅而不导"的现象。辅导员自身也存在着角色定位不清、职业能力不够等问题。专家学者们通过召开小型研讨会等方式，分析政策执行过程中的利弊，去粗存精；或者针对专家学者的理论探讨进行面对面的交流，为政策制度的进一步完善建言纳策。贯穿十年的两个培训计划的出台等是成功经验总结提炼的结果；辅导员系列培训教材，是理论经验的升华。经验的应用是强化实效性的关键，才能实现辅导员专业化建设的吐故纳新。

（2）继续机制创新，不断与时俱进

新时期最鲜明的特点是改革，随着我国经济社会改革进入深水区，公共权力结构性腐败问题日益突出单纯正面的教育引导正逐渐失去原有的社会土壤；正面的教育引导所依赖的结构性优势在不断丧失。作为高校辅导员专业化建设推进的宏观层面，必须面向世界，吸纳先进国家和地区推行多年的学生事务管理工作的科学体系，在现有的基础上接续机制体制创新，使建设的进程不断向科学化迈进。

世界各国各地区的高等学校都普遍重视学生事务工作，积极围绕人才培养设计和规制本土化的学生辅导工作体系。在探索高校辅导员队伍专业化建设的过程中，把辅导员队伍专业化建设与国外进行比较，借鉴吸收他们的有益经验。立足中国高校实际，实现坚持中国特色的一种借鉴和超越。

4.精心谋划国家战略建成数据平台

建设这支队伍必须在坚持实事求是的基础上与时俱进，、必须用社会主义核心价值体系统领这支队伍，把中国梦和青年梦有效连接的纽带。分析新问题，搭建新平台以适应新时代。

高校辅导员队伍信息动态管理平台，以高校辅导员的内在诉求为动力，通过动态的数据收集与统计分析，及时有效地了解高校辅导员内部要素之间以一定的方式如何相互作用表现出来的特性，达到交流互动、培训表彰的功能。推进高校辅导员信息动态管理的平台建设是实施国家战略的举措之一。

（1）建好数据平台，做好实名认证

①全员动员，明确平台建设的重大意义，保证信息的真实可靠性。采用计划、领导和控制等手段，对辅导员队伍动态变化的信息进行掌控和监管。根据外部条件的变化对内部因素及时做出调整，注重的是过程管理，全程监控、综合把握、集成分析。

②全程关注，把握好平台设置的权限。教育部对全国高校辅导员的管理，各高校党委学生工作部对各学院辅导员的管理，各辅导员对自身信息的认证。校、省两级机关要对辅导员身份做好认证。通过角色和权限进行管理，为国家、社会、学校对提供翔实的信息基础，确保系统中辅导员身份的合法性。

（2）用好信息平台，做好实时跟踪

信息动态管理平台的建设是为了更好地加强这支队伍的专业化建设。数据的集成具有动态性、时效性的特点，辅导员实时的信息状况、更新的情况等都能在第一时间得到呈现。平台的建设及普及运行，收集到的数据是实时数据库最重要的原生数据，主管部门可以适时发现问题，及时更新政策，也为辅导员队伍专业化建设的健康发展提供可能。

高校辅导员自诞生之日起就是高校管理干部中最活跃最基础的因素，高校辅导员队伍实施信息动态管理是有效加强辅导员队伍专业化建设的积极拓展。

（二）辅导员专业化建设观层面从"自在"转向"自为"的实践构想

1.结合省情，优化制度，让国家政策成为辅导员专业化建设的有力保障

我国高校辅导员制度从诞生到发展、完善，有成功的经验，也有挫折和教训。我国高校辅导员队伍逐步壮大，辅导员专业化建设受到党和国家的高度关注。纵观新中国的发展历史，国家政府部门针对某一个工作岗位做专门政策性规定是很少的，国家政策导向对促进辅导员专业化建设表现：

（1）导向性。中央政策文件本身具有很强的政治导向性。2014年《高等学校辅导员职业能力标准》进一步地加强了辅导员队伍专业化建设的政策导向，推动各级部门进一步制定和完善辅导员队伍明晰了方向。中央政策还对地方政策和法规的制定有极强的导向作用，对如何贯彻落实中央文件精神制定了具体的措施。

（2）强制性。16号文件对辅导员的工作内容、职称系列、学科平台等都作了明确的规定，具有强制执行性，从政策法规的层面对辅导员队伍专业化建设予以保证。

（3）可持续性。一系列的政策强制性保证这些规范不会在实际的操作中变为一纸空文。一系列文件的出台使辅导员专业化发展有了政策支撑。从04年到14年十年间，国家层面十个文件的出台、职业技能大赛的举行、国内访问学者计划的推行、国内高校间岗位的交流、全国优秀辅导员的评选、中国大学生在线网站的开通、辅导员专项课题的设立等举措，为健康发展提供了有力的政策保障。

在国家政策导向之下，各省教育部门结合省情，各显神通。

2.依托基地，强化培训，让真才实学成为辅导员专业化建设的有力抓手

高校辅导员专业化要求辅导员要有胜任学生工作的专门的知识体系。建立培训与研修基地，对培训的内容及其他相关的政策支持都有了明确指导。教育部2007年在北京召开辅导员培训与基地建设工作会议，公布了21个培训和研修基地。在教育部的指导下，各涌现出了一批颇具特色的教育基地。

（1）北京市重视辅导员队伍专业化发展的素质培养，2006年建立了市级辅导员培训基地和学生事务研究基地。参照MBA等专业培养模式，研究设立了基础理论与工作技能结合的培训课程体系的平台；招收一定数量的优秀辅导员进行学习进修平台；骨干到国内外学习考察的交流平台。2008召开辅导员工作会议，研究制定《关于加强北京高校辅导员队伍建设的实施意见》：鼓励辅导员通过学习培训和考核取得两项专业证书，资助培训经费以每人1000元为标准，进行课题研究和骨干示范培训。在5年左右时间内培养若干名在国内外有影响的专家型辅导员、1000名大学生思想政治教育工作的骨干；鼓励专职辅导员攻读思想政治教育专业和博士学位；通过组织开展国内外学术交流活动，定期选拔优秀辅导员到国外高水平大学进修学习。

（2）上海市重视高校辅导员专业化培养体系构建。着力推行辅导员队伍建设的主导理念，在辅导员的角色定位、选聘标准、配置模式、培训、考核等方面，加强辅导员队伍建设。

上海率先在全国建立辅导员专业化培养培训制度体系，按区域先后设立了15个市级辅导员培训基地，针对不同类型的辅导员，开展岗前培训、日常培训、专题培训和职业化培训四大模块，向骨干研修深化、拓展，专家型辅导员应运而生。2008年起复旦大学每年举办一届骨干辅导员高级研修班。学员们要带着问题、任务深入到上海其他市级辅导员培训基地挂职锻炼，在导师的指导下完成研修专业论文。为了"钙化"他们缺少人生阅历的"软肋"，每年组织辅导员骨干到这些基地培训学习。

在多样化发展上，针对辅导员队伍流动性大、缺乏持续动力等困境，着力为每一位辅导员制订职业生涯发展规划。上海教育部门人事部门合作，建

立专业化培训基地，着力培养职业发展教育和学生事务管理等方向的专业化辅导员。上海教育部门搭建各种人才交流的校内外"立交桥"。在公务员招录中对符合条件的辅导员给予一定的政策优惠；建立人才双向交流机制，形成人才流动的"活水"。

（3）浙江省教育厅和浙江大学高度重视辅导员队伍专业化建设，有的放矢地开展有针对性的培训。在形式上，不断与时俱进，开创性地采取小组合作的学习方式，与企业家面对面交流等体验式的教学形式；紧密结合辅导员工作职责，面向浙江一线全体辅导员，由浙江省向全国辐射，很好地提升了辅导员专业化的发展。

3.倾针政策，晋职晋级，让乐业敬业成为辅导员专业化建设的有力途径

辅导员在高校教师中是一个特殊的群体，这个群体有着不同于其他专业教师队伍的特点。建立激励机制须遵循发展、个性、公平和多元的原则。调查表明从事辅导员工作1年以内的辅导员认为影响积极性的是事务性工作繁琐；2～5年的认为是个人发展；6年以上的更关注工作的成就感。

（1）晋升机制是考评机制的自然延伸。辅导员工作坚持以学生精神成人为核心，以学生事务为基础。从上海市来看，设立了一至五级辅导员职级。辅导员职级晋升以工作实绩考核为主。新聘辅导员试用期为一年，试用期间定为一级辅导员；试用期满，具有晋升二级辅导员的资格；在二级岗位工作满三年，具有晋升三级辅导员的资格；在三级辅导员岗位工作满四年，具有申请晋升四级辅导员的资格；在四级辅导员岗位工作满五年，具有申请晋升五级辅导员的资格。

（2）从专业技术职务上看，成立专门的专业技术职务评审委员会，单独确定标准。在注重工作实绩的基础上，重点考核工作研究学术成果。各级专业技术职务资格定为：讲师为具有硕士学位、担任助教职务两年；副教授为具有硕士学位、担任讲师职务五年连续从事辅导员工作；教授为具有学生思想政治教育等相关专业硕士学位，五年连续从事辅导员工作。

（3）对辅导员发展序列实行行政职级与技术职务聘任制的政策倾斜，实现整个队伍专业化建设的良性发民，形成一套完整的思想素质和工作成绩

相结合的职务晋升机制。为了使辅导员找到适合自己发展特点的评价机制，上海市实现了序列单列、岗位单列、标准单列、评审单列。上海市为辅导员专业技术职务和行政职级发展建立制度保障，保证辅导员在专业技术职务评聘中具有专业发展的评聘序列。

（三）辅导员专业化建设高校层面从"自在"转向"自为"的实践构想

佛瑞斯特认为：传统政策执行理论强调政策执行机构对政策目标的顺应行为，基本不考虑其审视检定以及前瞻分析的需求。在危机事件前预感并采取适当程序加以应对的能力。构建校本队伍建设的体系是促进辅导员队伍专业化建设的基石。

1.严格标准，坚持准入机制

按《高等学校辅导员职业能力标准》的要求，要严格坚持准入机制，坚持公平、公正、公开的原则，综合考虑辅导员应该具备的品质，通过案例解剖、主持会议等面试、笔试等方式来认真选拔辅导员，也可以综合考虑人选人员是否具有一定的实践经历和工作经历。应严格区分本科生辅导员的选拔条件，研究生辅导员可以从具有硕士学位以上的中青年教师中挑选。

2.提升素质，强化培养机制

（1）要积极有效地推进岗位培训，学校应设立专项基金，坚持先培训后上岗的持证上岗培训。可以坚持"请进来"和"送出去"相结合的方式来培养辅导员，使他们从他人身上发现闪光点，更好地挖掘自己的潜能；也可以挑选优秀辅导员到兄弟院校交流挂职；开展国际化的交流，学习国际上学生事务管理的先进经验。清华大学辅导员模式在对辅导员的培养中，有很多值得借鉴的经验：上岗培训和在岗培训。前者着重增强辅导员工作的自信心，后者则从高校辅导员外职业生涯的构成要素来谈。如岗位津贴的额度及发放标准，实行工作的周轮训制？；年度学生思想工作研讨会的召开；举办每月一次的"辅导员沙龙"活动，《辅导员之友》的编印；辅导员奖教金项目等；鼓励辅导员参加社会实践和学习考察；资助辅导员开展课题研究；推荐优秀的硕士辅导员毕业后攻读相关学科博士学位。学校对辅导员的任职资格、年限及职责要求的准确定位，工作期满的科学鉴定等，使得清华大学的辅导员在社会和学生中享有极高的职业声誉和工作满意度。

（2）通过打造辅导员共同体来增强辅导员的素质。学校可以通过设立辅导员专业化分会，由从事一样工作的辅导员开展两周一次的工作研讨会，更好地实行合作学习，使优秀的辅导员在分享中脱颖而出。学校可以设立帮扶政策，开展传帮带的工作，使新任辅导员更快更好地适应工作；开展带谈话、带活动、带科研等活动，使辅导员从职业化向专家化方向努力。

（3）鼓励年轻的具有本科或硕士学历的辅导员处理好学习、工作与家庭的关系，从学历上、职称上提升自己，整体提升整支队伍的科研水平。

3.优化出路，拓宽发展机制

（1）鼓励和支持一批热爱、志向、钟情于辅导员岗位的最优秀辅导员，通过更强的培训向职业化、专家化辅导员方向发展；

（2）根据辅导员职业化培养的模式，选取其中优秀的个别辅导员转向专职教师，通过辅导员工作的实践积累，更好地胜任教学工作；

（3）通过考察辅导员在职期间的表现和综合素质，通过个人申请、综合考核，向学校各相关部门推荐一批提拔为领导干部。

4.注重激励，健全考评机制

高校辅导员队伍工作的高强度常常使辅导员处于一种疲于应付的状态，高校辅导员是高校中一个特殊的群体，要注重定量考核也要注重定性考核。

复旦大学首创并实施对辅导员队伍的"360度考评法"：分学期通过向学生、相关分管部门发放问卷、同事互评和院系领导鉴定等方式，对每一个辅导员的工作给予考评。考评结束后，每位辅导员都会收到一份图文并茂的《辅导员工作考核分析报告》。辅导员可以把考核结果与自我评价相对照。发现自己工作中存在的问题，感受到学校、领导和学生对自己的期望。该项考核成绩作为辅导员团队的综合成绩纳入院系学生工作考评指标，极大地调动和促进了辅导员队伍自身和团队的职业规划。

对辅导员进行高标准、严要求的整齐划一的管理，使考评结果反哺于辅导员的成长。既有利于辅导员个体专业素养的生成，也有利于群体辅导员的成长。

第四章 高校辅导员的职业化培养

第一节 高校辅导员工作内容

一、大学生心理健康教育

（一）大学生心理健康教育的必要性

1.心理健康教育在家庭教育中的必要性

现在的大学生大多是独生子女，缺少心灵沟通的同龄伙伴。当机会到来的时候，不懂得珍惜，遇挫折和失败时，缺乏战胜挫折的勇气。面对日益加快的生活节奏和复杂的人际关系时，大学生对自己缺乏全面正确认识，加之社会上各种"浪潮"的冲击，使他们出现种种不适应的问题。近年来大学生的心理健康状况令人担忧，大学生的家庭环境和心理健康的引导越来越受到重视。

2.心理健康在高校教育中的必要性

我国部分大学生存在一定程度上的精神障碍，很大程度上导致大学生迷失自我，意志品质减弱、消沉，甚至导致自杀和犯罪。大学生在大学阶段多会遇到多方面的困惑和压力，有一点小矛盾，就怀恨在心；学习困难太大，自暴自弃等，说明了部分学生生命意识淡薄。高校的心理健康教育的开展，要有针对性地开展心理卫生知识的普及和宣传，帮助他们处理好环境适应、交友恋爱、情绪调节等问题。

教育是一个系统工程，心理健康教育工作关系到人才培养工作的得失成败，心理健康教育刻不容缓。要加强大学生的专业知识教育，更要注重对他们的素质教育，注重心理健康教育，促进大学生的全面健康成长和可持续发展。

3.党和国家对高校心理健康教育的重视

党和国家非常重视大学生心理健康教育工作。《关于加强普通高等学校大学生心理健康教育工作的意见》：心理健康教育工作的主要内容：宣传普及心理健康知识，了解心理健康对成才的重要意义；介绍增进心理健康的途径，养成良好的学习习惯，培养创新精神；传授心理调适的方法，有效消除心理困惑，提高承受和应对挫折的能力，使大学生了解常见心理问题产生的原因及主要表现。党的十七大报告：加强和改进思想政治工作，用正确方式处理人际关系。动员各方面做好青少年思想道德教育工作。心理健康已经成为现代人需要重视和关注的问题。

2001年《关于加强普通高等学校大学生心理健康教育工作的意见》对大学生心理健康教育工作的主要任务以及队伍建设等方面做出了规定与要求。2002年《普通高等学校大学生心理健康教育工作实施纲要（试行）》提出具体实施意见。2003年《关于进一步加强高校学生管理工作和心理健康教育工作的通知》要切实把大学生心理健康教育工作纳入到学校重要议事日程。2011年《普通高等学校学生心理健康教育工作基本建设标准（试行）》，使心理健康教育工作有了自己的标准。

以提高大学生心理素质的大学生心理健康教育，引起教育部门和社会各界的普遍重视。新时期加强和改进大学生心理健康教育，是保证我国人才素质教育目标实现的有效途径。

（二）大学生心理健康存在的问题

现实生活中，每个人都存在一定程度的心理问题，只是每个人的程度不同而已。目前，大学生普遍存在的心理问题主要表现在：

1.学业问题

大学一年级新生，多会感到学习压力大、学习负担重。学习动力不足的原因主要表现：学生对所学专业不甚了解，进入大学后过于放松的心态；学生对专业不感兴趣，沉迷网络游戏，由于课程学习困难而产生厌学心理。上课听不进，下课又会后悔没有好好听讲，精神备受折磨。学习目的不明确、学习成绩不理想，学习方法僵化等问题，是大一新生常见的学业不适应问题。

2.人际关系问题

大学生缺乏社交经验，有些学生内心有与人交往的意愿，但是在待人接物方面缺乏经验。有些学生则没有主动与人交往的意愿，在表达个人意见时不会顾忌他人感受；部分同学时常因为找不到真正的朋友而倍感失落与空虚。人际交往困难成为大学生的普遍困惑，直接影响大学生的心理。

3.情绪问题

良好的情绪可以使我们精力旺盛，对生活充满希望，对自己充满信心，对知识充满求知欲望，对他人充满友好。相反，消极的情绪会使人的免疫能力下降，容易受到疾病的侵扰。当消极情绪高于积极情绪反映时，就会给自己的生活带来困扰，导致心理问题的产生。因此，应该及时关注情绪健康问题。大学生常见的消极情绪主要有：

（1）抑郁

个体长时间的处于情绪低落，心情压抑、无精打采，睡眠不足等症状。学习生活中常常逃避活动及人际交往、迷茫、学习兴趣减退。抑郁常常与苦闷、烦恼、困惑、焦虑等情绪交织在一起，使大学生的学习、工作和生活受到极大影响。

（2）焦虑

焦虑情绪具有一定的代表性，主要表现为考试焦虑，就业焦虑，自我焦虑。莫名地担心考试失败，难以入睡。很在意自己在他人眼中的个人形象，会因为长相、能力等各种因素产生焦虑。临近毕业的学生越会感受到日益严峻的就业压力，而产生的就业焦虑。适度的焦虑可以使大学生处于紧张状态，但过度焦虑则会对学生带来不良的影响。

（3）愤怒

愤怒是由于客观事物与人的主观愿望相违背，人们内心产生的一种激烈的情绪反应。愤怒会使人的自制力减弱或丧失，做出不理智的冲动行为。

（4）嫉妒

嫉妒是自尊心的一种异常表现，嫉妒心太强会影响大学生自我发展，使自己陷入不良的人际关系氛围中。

4.性心理问题

处于青春期的大学生，容易对异性产生好感，希望得到对方的认可。由于我国对性教育的开展不够完善，性心理成熟落后于性生理成熟的现实。恋爱对大学生来说是生理和心理发展的必然所致，恰当处理好关系对于恋爱和学习、个人与集体的关系具有重要影响。

5.适应问题

大学是人生的重要转折，面对新的环境，大学新生常常面临不适应的困惑。如离开父母亲人没有觅到知心朋友的孤独感、对自己缺乏信心的否定感等。

（三）形成健康心理的重要意义

1.能够帮助大学生健康成长

大学生中有不少人认为自己是曾经高考的佼佼者，但在面对环境的变化、未来社会竞争的激烈等因素的影响，并未做好相应的心理准备。成才是大学生生活的主旋律，心理健康是大学生发展的一个重要指标。心理健康状态不同的大学生，在面对困难或挫折时会做出迥异的情绪反应和意志行动。创造一个有利于大学生身心健康成长的环境是教育工作者义不容辞的责任。

（二）能够帮助大学生尽快适应社会

在经济快速发展的今天，人们面临的心理困扰增多，心理问题也频繁发生。马克思和恩格斯：作为现实的人，你就有规定，就有任务。你是否意识到这一点，都是无所谓的。人生宛如长途旅行，既有一马平川；也有崎岖不平。当一帆风顺时，应该引导学生学会珍惜，享受生活的快乐和自我实现的成就；当生颠簸不平时，应该鼓励学生学会乐观面对。更好地融入到新的团队中去；通过学习和实践，学会感恩；保持旺盛的生命意识和积极的人生态度，实现自己的个人价值和社会价值。

3.高校开展心理健康教育的现实意义

心理健康教育工作事关高校人才培养工作的成败，没有心理健康教育就不是完整的教育。心理健康教育提高大学生的社会适应能力和情绪调节能力，促进他们的全面协调发展。心理健康教育与心理咨询，使大学生保持健康的心理状态，为接受其他素质教育提供心理条件。

加强大学生心理健康指导，是高校思想政治教育的重要组成部分。《关于加强普通高等学校大学生心理健康教育工作的意见》：根据大学生的心理特点，开展辅导或咨询活动，优化心理品质，预防和缓解心理问题。帮助他们自我管理、学习成才、交友恋爱、等方面的困惑，促进德智体美等全面发展。高校辅导员应努力帮助他们树立人生新目标，引导他们正确认识挫折，时刻保持积极乐观的心态。

（四）大学生健康心理的形成

1.帮助大学生养成积极的适应能力。针对入学时出现的问题，运用心理学知识进行指导和引导。完善心理健康管理的三级网络，增强大学生自助能力，增强影响力度。对心理工作有热情的同学加入心理健康社团，请专业老师指导社团开展活动，培养学生自我教育，有效开发和利用心理教育资源。

2.针对学业问题，要给予必要的指导。要增强学生的自信心，多给学生提供实践机会，增强战胜挫折勇气。制订详细的学习计划，帮助自己克服意志薄弱的缺点。

3.帮助建立良好的人际关系。随着自我意识的不断增强，他们迫切希望多交朋友，建立自己的社交圈。但大学生认为同学之间都是可以相互包容理解的，可以分享一切秘密的。经过一段时间，他们会发现朋友之间还是有距离的，于是感到失望。要及时引导学生正确认识存在的现象和问题，学会运用人际交往的技巧和方法，帮助自己拥有良好的人际关系。

对别人吹毛求疵，不注意与人交往的方式。一个人能受到别人的欢迎和容纳，才能在人际交往中享受乐趣。

4.引导学生正确面对大学爱情。但会因爱情到来时，同学们没有做好思想准备，使恋爱的感觉多了酸楚。要有能力承担起对他人的责任。引导恋爱中的学生处理好学习和恋爱的关系。也要提醒恋爱中的双方注意自身的公众形象，恋爱中的双方都要时刻提醒自己不要违反和干扰了学校纪律。

5.正确地认识和评价自己。一个健康的人，应该能够对自己的个性特点做出客观的评价，机会来临时，好好把握；机会失去后，坦然视之。不会因为自己的缺点和劣势而悲观失望，保持健康的心态，勇敢地面对困难。

二、大学生网络思想政治教育

（一）互联网环境下的大学生思想政治教育

互联网已经成为现代社会的重要传播媒介，互联网的兴起改变了人们生活方式，对人们的生存产生了深刻的影响。互联网在我国的使用范围不断扩大，数据显示：截至2010年年底，网民规模达到了4.57亿，65%是18～35岁之间的青年人，近100%的在校大学生是网民。我国互联网的使用群体中，大学生占据了大部分比例。大学生网民正在使用QQ、微博等个性化的表达方式参与网络传播，面对大学生互联网的使用情况，他们的生活习惯有着较大的变化。网络思想政治教育任重而道远。

1.网络思想政治教育的概念

网络思想政治教育必须与时俱进。1994年引入万维网以来，网络思想政治教育便起步，经历了漫长的探索道路。不同研究者对网络思想政治教育有着不同角度的定义：张建松把它定义为利用网络开展的针对学生的思想政治教育；韦吉锋把他定义为利用网络促使网民形成社会发展所需要的思想政治品德的虚拟实践活动；张再兴在《网络思想政治教育研究》给了较为全面：网络思想政治教育的内涵，存在两种不同的理解：网络环境下的思想政治教育；基于网络的思想政治教育。前者是广义界定，后者是狭义界定。

总体上可以从广义和狭义两个角度去解释。广义上来看，网络思想政治教育是在网络环境下的体现，狭义上看，网络思想政治教育利用网络手段开展的教育。无论是广义的概念还是狭义的概念，都强调网络在思想政治教育中的功能性。对于网络思想政治教育的研究，必须与时俱进。《现代思想政治教育方法论》：网络思想政治教育是建立在网络平台基础上，进一步强调了网络思想政治教育在途径、载体等方面研究的重要意义。网络思想政治教育的研究必须要从实践的角度给予多方面的指导，以便开展网络思想教育活动。

2.网络思想政治教育的实现途径

根据当前互联网技术的发展，主流的网络应用主要：主题门户网站、微博以及即时通讯工具。大学生使用互联网应用的情况也反映在这几类的网络应用中，比如微博中的新浪、腾讯微博；即时通讯工具中的QQ、微信等。高校网络思想政治教育的开展必须将这些新媒介、整合到思想政治教育中来，不断创新工作模式、创造新平台。

对网络思想政治教育的探讨必须结合特定的网络载体进行研究，才能有针对性地开展相应地思想政治教育活动，更好地发挥网络在校园文化引领、大学生行为引导的功能。

（二）"易班"——网络思想政治教育的创新载体

"易班"作为以高校师生为主要使用对象的网络虚拟社区，是网络Web2.0时代凝聚学生、教育学生的新探索。"易班"系统及其功能不断完善，使用规模不断扩大。

"易班"的网络功能同时吸取了SNS网站、微博、BBS论坛等多方面的元素，结合校园管理、活动等实际需求，实现了日程表、资料库、视频等独特的网络应用，可以建立网上班级、网上党支部，从而共建共享的网络家园交流思想认识、传递热门信息，从"易班"的网络功能上可以看作是一个全面的综合性的网络教育。

1.利用"易班"结构搭建育人平台

"易班"在建立之初便立足于网络育人。学生不仅可以加入自己的网上班级，还可以同时加入其他学校开设的网上社团、网上兴趣小组等各类群组。"易班"采用市、校两级架构，能进入公共网络社区，与其他高校师生实现交流。思想政治工作者可以将专业课程引入"易班"，为专业教师教学提供便利，实现课堂学习与课外辅导的完整统一；借助此平台对学生的学习情况进行监督和管理，探索全方位覆盖的党建发展模式。思想政治工作者还可以建立特定的"易班"群体更广泛地为学生的成长服务。

2.利用"易班"功能拓展思想政治教育途径

"易班"采用了实名和昵称相结合的用户管理策略。方便学生和老师之间的识别。用户以个性化的网络昵称为标识进行活动。不仅能让辅导员能更方便地开展班级管理和教育工作，学生能在公共网络社区中自由发言保护隐私，有利于学校准确地把握学生的思想动态。

网络思想政治工作者还可以通过"易班"加强党员和团员的思想政治教育。如把党员的创先争优活动延伸到"易班"的工作平台，大力宣传优秀学生和集体的光荣事迹，也是对广大同学的教育。

3.利用"易班"活动繁荣网络文化

"易班"网络平台提供了其他网络平台无法比拟的——1）互通性：可以跨越学校班级的界限进行交流，2）集散性：宣传辐射效应可以控制规模。为不同层面的活动可以有不同层面的受众范围，凸显特色，达到宣传教育的目的。

在"易班"平台上，辅导员可以通过开设活动帖、实行在线互动参与丰富线上活动内容，搭建一个学院特色活动展示平台；让学生了解其他学院相关活动，使校园品牌活动更加深入人心。

"易班"作为一个新型的网络文化产品，教育价值却有很大的潜力。满足学生个性化需求的网络互动社区孕育着教育的理念创新。这样的创新理念和范式，更加亲近学生的思想和实际。高校的网络思想政治工作者应当善于利用"易班"平台，把"易班"打造成为高校网络思想政治教育的有效载体。

（三）以BBS论坛为载体的网络思想政治教育的开展

BBS，即电子公告板，可以使网络用户自由地通过电子信息表达自己的观点。论坛可以实现网络用户群体的细分，以及文件下载和在线信息的同步或异步交流。BBS论坛已成为当今互联网上主流的信息交流载体。

BBS论坛已成为大学生接触社会的重要网络渠道，各高校的BBS论坛场所在社会中有着举足轻重的地位。在校的师生可以发表自己对时事、人生等的观点，BBS成为大家解决生活中各种问题的一个重要途径。由于校园BBS吸引了很多的社会人士参与，给论坛增加一定的安全隐患，如发布垃圾信息等误导大学生，造成极坏的影响。利用BBS论坛开展相应的网络思政教育，要求思政工作者能够把握BBS论坛的特点和功能，打造和谐、积极的BBS论坛环境。加强校园BBS的建设和管理，是从实践层面研究网络思想政治教育的重要方向。

以BBS论坛为载体的网络思政教育的开展，通过网络校园文化具体表现出来。要求思政工作者采取一系列的措施和方法，加强和规范网络校园文化。

1.把握论坛舆论导向，加强主旋律文化的导向

高校的学生工作者在BBS论坛中承担的是主流文化的倡导者，也是引导网络舆论健的导航者。在BBS开放性网络社区，教育工作者要善于结合论坛的相关结构和功能开展导向性的宣传工作，以保证网络平台的主基调。

2.网络思想政治教育队伍的培养与建设

加强网络思想政治教育队伍的培养与建设，使学生工作者在网络环境下积极有效地开展思想教育工作。在BBS论坛的环境下，从事网络思想政治教育的工作者要能够维护论坛基本交流功能的运作，还要注意把握舆论动向，积极引导主题，把握论坛文化的走向。这要求网络思想政治教育的工作者来说具有较高的挑战。

3.及时关注论坛热点，重视网络信息管理

校园BBS论坛是网络信息的集散地，一些匿名用户可能通过论坛散播有害信息，影响校园文化的健康发展。BBS论坛中的网络信息具有动态性，一旦有集中讨论的回复，就需要及时地进行关注和重视。应当学会及时有效地跟踪当前论坛上的信息热点，建立起信息跟踪、信息收集、信息管理三位一体的工作方法和体系。对于有害信息的防范，可以依靠关键字屏蔽；还必须辅以人工审核，确保校园网络环境的健康和谐。

要有对热点信息和话题的内容挖掘和深加工。BBS论坛中经常能够看到大型活动的宣传帖子，对于类似的内容可以通过论坛置顶、标记、标题高亮等手段扩大宣传内容的影响力；网络论坛信息发布的源头一般都会有意见领袖的存在，其中具有正能量的观点和引用，可适当地追加评论或者转发，提高相关内容的关注度，从而营造网络文化氛围的正面效应。

4.利用BBS论坛加强大学生网络行为的引导和教育

校园BBS论坛是一个自由开放校园网络社区，对于网络行为的引导和约

束是为了更好地规范论坛环境，实现良性发展。校园BBS论坛中也经常会出现"网络骂战"。良性的是一种辩论和探讨，但多数"骂战"含有人身攻击等，对学生网络素养的教育需要思想政治工作者利用网络进行教育。通过论坛规则进行总体上的引导。

思想政治工作者在BBS论坛中的言论也需要有一定的要求和约束，善于发动网络意见领袖。

5.广开言路，倾听学生的心声

由于BBS论坛的自由性和开放性，学生乐于表达自己的观点和想法，这为思想政工作者提供了良好的空间条件。思想政治工作者要善于倾听学生的心声，利用学生反映的情况，进行有针对性的思想交流。BBS由于其匿名性和互动性，保护了学生隐私，成为有效沟通的载体。

BBS论坛由于其丰富的功能迎合了大学生的网络需求，成为重要平台。思想政治工作者利用BBS可以有效地掌握学生动态、处理解决学生问题。学会对BBS论坛的利用是教育方式途径上的重要举措，也是保持校园稳定、快速发展的重要保障。

（四）微传播环境下校园网络舆情的管理

微博是近年来网上流行的一种非正式的迷你型博客，与传统博客不同，微博用户只能用140个字符以内的文字发布信息，实现一种自主、简洁、快捷的信息传播。在高等学校，大学生注册使用微博的情况也非常普及。大学生通过微博，可以随时随地关注学校，并参与交流与评价。使学生群体也有了特定的微博舆情窗口，对于微博舆情的管理将成为网络思想政治教育的重要组成部分。

微博已经成为民众表达舆情的重要窗口，逐渐形成了微博舆情的现象。微传播环境下校园网络舆情的管理中，充分了解大学生在微博网络中的所见所闻、所需所求，对构建和谐校园文化和网络文化具有重要意义。

1.微博舆情的管理有利于掌握敏感信息和学生思想心理动态

由于微博具有即时性和开放性等特点，吸引学生参与其中发表自己的看法、转发别人的观点以及评论社会现象。学生可以主动获取网络上的信息，其中就可能存在学生浏览一些反动、色情的内容，乃至发表不合时宜的观点和想法。思想政治工作者可以利用微博及时了解到学生的心理状况，准确把握住学生在思想和心理方面的潜在风险，有效地对心理危机进行干预。

2.加强微博舆情的管理，提升网络思想政治教育的时效性

微博的出现让每一位大学生都在网络上的发言权，他将自己的所见所闻直接在微博上进行展示和评论。微博平台上的大学生群体变成了活跃的信息集散地，吸引更多的人参与讨论和关注。通过对微博舆情的关注，及时有效地了解学生的思想动态和校园舆论动态。微博舆情的管理在解决突发事件的问题上能够发挥积极的促进作用。

3.利用微博构建文明和谐的校园网络文化

利用微博平台开展大学生的网络思想政治教育工作，通过微博促进校园文化的良性传播。通过专题的微博活动企划校园的迎新工作，进行线上和线下的互动开展。学校和学院的主要领导等也可以通过微博平台吸引学生"粉丝"，建立良好的互动关系，在校师生参与微博交流的同时丰富校园网络文化。

微博舆情管理对高校网络思想政治教育建设具有重要意义，把微博打造成为校园学生健康、社交圈和舆论圈。

（1）巧用微博"关注"学生群体

"关注"功能是微博用户之间相互了解的最基本功能，教育工作者在管理中要学会通过"关注"与自己的学生"互粉"，还可以对已关注的学生自定义分类，利用微博实现学生的分层管理和引导，拉近师生之间的距离。

（2）善用微博"评论"参与组织讨论

评论是微博的主动参与功能，是实现微博互动的最重要的途径。思想政治工作者可以通过评论对学生的状态进行回复，在交流中都要坚守平等、尊重的原则。利用评论功能，发表犀利的观点可以有效地形成微舆情中的意见领袖。

（3）活用微博"转发"实用信息

转发功能是微博传播信息的有效途径，微博信息通过转发可以实现病毒

式传播。思想政治工作者需要有意识地向学生转发有意义的微博信息。思想政治工作者可以将学校通知等工作信息通过传递给学生们，对于特定的信息还可以利用微博的@功能，提高日常学生教育管理工作的效率；思想政治工作者可以利用微博将学生关心的热点问题等进行"转发"，在传递信息的过程中引发和组织讨论。

微舆情的兴起和发展为校园网络文化增添了活力和生机，但是微舆情还需思想政治工作者进行有效地监督和管理。

（五）网络即时通讯工具的应用对高校思想政治教育的启示

即时信息是一种不受时间和空间限缸的网络通信服务，互联网技术的发展，给即时通讯带来了广阔的应用空间，越来越多的年轻人选择线上交流。以QQ、微信为代表的即时通讯类软件得到了广泛的应用。即时通讯软件可以实现师生之间、同学之间的实时交流，如何利用好即时通讯软件开展思想政治教育，成为一项重要的实践课题。

QQ和微信特点主要是多功能性、互动性、私密性以及同步性多个方面。

（1）多功能性，有丰富的多媒体元素吸引学生群体的兴趣，有视频、音乐乃至虚拟身份方面的元素。

（2）互动性，网络交流的互动元素，如用户形象识别、互动表情等功能。

（3）私密性，用户可以用昵称进行交流，内容只有双方可以看得到，不易外泄。

（4）同步性，聊天不受时间地域的影响可以随时同步进行。

1.网络即时通讯工具的应用给思想政治教育带来的机遇

（1）网络即时通讯软件成为学生动态的风向标

无论是QQ还是微信，每位用户可以用个性签名的状态栏以随时表达自己当前的心情。这一个小功能却是一个人近期内心活动的真实写照。也是展示自我的一个方面，通过相片、日志可以反映用户的价值观和生活态度，通过内容的分析可以有效地判断出其个人倾向性。

（2）通过即时通讯软件可以有效地进行人脉联系

即时通讯软件可以不受时间和空间的约束，以"微信"为例，可以发送文字图片信息，更可以语音传递和群体消息推送。很多在校师生喜欢选择这类软件进行"隔空喊话"，高校的网络思想政治教育工作者可以利用即时性和互动性的特点，展开宣传教育和学生动态的管理。

（3）即时通讯软件可以成为信息痕迹保留的重要载体

当前的即时通讯类软件，具备聊天记录功能。高校思政工作者在通过平台开展学生管理和教育的工作中，注意利用历史记录进行工作的保留。聊天记录反映了沟通工作流程的回顾和检查；对信息记录的分析和整理发现潜在的因素和问题。与学生沟通交流的过程中，要注意通过观察他们的言行分析他们的状态。群组模式，通过观察群组的讨论记录掌握学生们所关心的话题。

2.运用网络即时通讯开展思想政治教育工作的新思路

运用即时通讯有针对性地开展思想政治教育。结合当前大学生使用互联网的情况，利用网络即时通讯对学生进行分类分层次的个别引导。老师可以选择不同的沟通方式与学生交流，观察其个人空间的动态，了解重点关注学生的情况。辅导员利用即时通讯的群组功能，在群上召开一些小型会议。每个人能从始至终发表意见，互不干扰，工作效率明显提高。

在网络即时交流的过程中，思想政治工作者也要学会网络交流行为，发挥网络上表情符的作用，从一般交谈进入深度交谈，延伸到现实的学习与生活中，提高网络思政教育的实效性。

即时通讯工具作为一个规模庞大的社会化网络，是网络舆情观察的重要途径。舆论传播效率能以相当惊人的速度扩散，迅速传达至更广泛的用户。群聊、个人空间等都是大学生思想动态的晴雨表，网络思想政治工作中的舆情监管不能忽视即时通讯的人际传播。

思想政治工作者必须要从实践层面多接触和使用这些网络工具，才能够找到合适的工作方式和方法。

第二节　高校辅导员职业能力

一、高校辅导员职业能力概述

（一）职业能力概念

职业能力是指个体获得和保持工作，应对工作中出现的变化的能力。职业能力应该是人们具备的各种能力的总和，决定从业者是否能够胜任自己的工作岗位。职业能力的内涵在被重新构建，它不再理论知识的代名词，创新精神、协作精神等开始进入能力建设的大舞台。

（二）高校辅导员职业能力的界定

1.高校辅导员职业能力的概念

2005年全国首个高校辅导员协会在复旦大学正式成立，辅导员协会提供：党团建设、沟通技巧、职业策划等的专业指导和服务。同年，上海高校开始辅导员职业化试点，与专业课教师一样，享有一定的待遇。2006年《关于进一步加强上海高校辅导员队伍建设的若干意见》，规定了辅导员的角色定位、工作任务、选聘标准以及交流机制。既然高校辅导员成为专门的职业，这个职业必然要求从业者具备相应的职业能力。

（1）职业能力是高校辅导员应具备的基本能力、知识、经验和技能等综合能力。

（2）职业能力是辅导员拥有的、对学生工作能动反映的一种体现。

（3）职业能力是辅导员在高校思想政治教育中所具备的本领，对个人和社会负责任的行事的热情和能力。

职业能力是高校辅导员能够胜任大学生思想政治教育、学业引导等工作所应必备的知识、经验、能力和素质的总称。职业能力不是各种能力的简单相加，是辅导员各种因素相互联系并互相作用的集中体现。

2.高校辅导员职业能力的构成

高校辅导员是各高等学校教师队伍和管理队伍的重要组成部分，角色定位决定了辅导员的职业能力具有综合性。辅导员在高校要承担思想政治教育、学生党建、帮困助学、社会实践等一系列工作职责，要求辅导员的工作能力具有较高的综合性。要求对高校辅导员进行专业化培养，在某一领域纵深发展，但高校辅导员职业能力的综合性仍不可忽视。

辅导员职业能力的构成也具有相对的复杂性。根据不同的标准对高校辅导员职业能力的构成进行分类：

（1）分为一般能力和特殊能力。在学生教育和事务管理中须具备的普遍性的能力，诸如政治素质、学业引导能力、信息网络的运用能力等；为了完成特定的学生教育活动所具备的能力，职业生涯规划能力、创新能力等，就是特殊能力。

（2）从人力资源管理的角度，职业能力划分为健康、知识与技能、态度三个层面。健康是辅导员职业能力形成和发展的基础；知识与技能层面是指辅导员岗位上必需的相关专业知识与技能，知识包括理论知识、基本的心理知识等，技能包括人际沟通协调能力等；态度具有认知、情感、意向三个方面，决定了辅导员主观能动性发挥的程度。

（3）职业能力划分为显性的职业能力和隐性的职业能力。显性的职业能力包括辅导员拥有的资质等，可通过学历证书、心理咨询师的资质考试等来证明；隐性的职业能力是潜在于表面之下的，包括职业意识、职业精神等。

（4）基本职业能力和发展的职业能力。基本职业能力是完成学生教育管理工作中须具备的基础性能力，包括组织管理能力、信息处理能力等；发展的职业能力是辅导员能够在岗位上取得进步，包括学习能力和科研能力。

（5）思想政治教育能力、学生管理能力、学业指导能力等

根据辅导员的个体职业能力特点，还可将其划分为优势能力和非优势能力；专业性强的职业能力和一般性的职业能力等。

二、提升高校辅导员职业能力的途径

（一）强化辅导员专业化、职业化、专家化的发展意识

1.辅导员选聘机制

（1）高校在招聘辅导员时要做好辅导员的工作岗位分析，最好能以岗位说明书的形式体现出来；岗位的价值取向，包括忠诚人民教育事业、具有奉献精神等。明确的辅导员岗位分析是辅导员职业能力评价的基础。

（2）根据职业能力要求对辅导员的任职资格做出规定。相应的辅导员任职说明书，包括辅导员岗位的知识和技能需求；辅导员的学习工作经历；辅导员的政治素质。任职资格的具体要求可是高校进行辅导员招聘、选拔、培训的重要依据。

（3）要制定科学规范的选拔程序，才能确保辅导员招聘的质量。许多高校对经过笔试和面试，筛选出人才进入辅导员队伍。笔试内容：时事政治、逻辑训练等内容；面试内容了解应聘者的交流能力、对辅导员岗位的理解等。

2.辅导员管理机制

高校辅导员具有教师和干部的双重身份，在实际的管理中也体现了党政的双头管理。很多高校的辅导员没有教学和科研任务，收入上也与同龄的专业教师存在较大的差距，造成辅导员对职业前途没有太大的期望，影响了工作积极性，不利于辅导员职业能力的提高。

要重视管理机制上的问题，探索优化管理模式。大部分采取分级化管理，定期组织辅导员进行政治理论学习，制定统一的考核和晋升管理办法。各个学院对辅导员给予各方面的指导和支持。既方便学生工作的统筹管理，又有助于辅导员具体工作的开展。

3.辅导员考核、激励机制

健全的激励机制可以强化辅导员对职业能力的认识，帮助辅导员明确自己的岗位职责、发展方向，激励辅导员更好地为学生成长成才服务。

健全的辅导员考核标准，是提升辅导员职业能力的基础工作之一。考核

标准是将相对概括的职业能力转化成具体的量化指标。健全的考核标准是规范辅导员考核机制的前提条件，也职业化发展的必然要求。

完善公平的考核机制是提升辅导员职业能力的必备要素。通过完善公平的考核机制将考核标准落到实处。

考核工作大多坚持定量考核与定性考核相结合、师生评价与组织评定相结合的原则，实事求是地对辅导员的德、能、勤、绩、廉进行考核，最终的考核结果由自我评议、学生评议、辅导员互评等部分组成，经过公示和本人确认后计入辅导员个人档案。

辅导员的考核结果应该与职务聘任、奖惩、晋升定级密切挂钩。通过实施科学完善的考核标准和考核机制，全方位地对辅导员的职业能力和工作实绩做出公正的判断，必须配套激励措施，否则考核会损害辅导员工作的积极性。

（二）构建辅导员职业能力提升的职业平台

1.职业能力展示平台

随着辅导员队伍职业化建设进程的日益加快，辅导员职业技能大赛逐渐成为辅导员增强素质、展示能力的重要平台。辅导员可以学习交流工作经验，进一步展示个人的职业能力。

2.学术科研平台

工作性质和工作职责决定了辅导员必须管理实践和教学科研相结合，靠经验开展工作无法帮助辅导员取得更大的发展，对辅导员的要求应该是"要具有科研能力，及时总结工作经验，更好地指导工作实践"。教育主管部门和高校、各相关行业协会要主动提供条件，推出一定的科研课题和基金，鼓励辅导员开展应用性研究，引导辅导员通过个人和集体的力量，不断提高自己的学术科研水平。

高校还应该重视辅导员和思想政治理论课专业教师的交流，有利于辅导员和理论课教师互相弥补理论。辅导员要从自身的科研水平和工作实践出发，坚定科研信念，为促进思想政治工作的科学化打下良好的基础。

3.实践交流平台

（1）挂职锻炼。许多高校每年会为辅导员提供一些挂职锻炼的机会，挂职单位负责分配岗位和任务，提供锻炼机会。

（2）校外考察。大多数高校为辅导员提供到全国各地知名高校参观学习考察的机会，选派骨干辅导员到学生工作特别突出的高校进行工作学习。条件允许的高校还在积极拓展辅导员海外学习机会，学习学生工作的先进经验，对提升辅导员的职业能力有很好的推动作用。

（3）企业实习。许多高校每年还会联系共建或有其他合作关系的企业，帮助辅导员更好地了解社会。

4.职业生涯平台

（1）专家型辅导员

对于有志于从事大学生思想政治教育工作的骨干辅导员，高校要鼓励他们攻读辅导员职业所需方向的博士和博士后。要科研成果和工作实践结合认定，有机会成为辅导员队伍中的高级知识分子。培养如思想政治辅导员、生活辅导员、心理辅导员等专家型辅导员。

（2）党政干部

教育部一直要求要把专职辅导员队伍作为后备干部培养的重要来源，高校应该给辅导员提供外派企事业单位、校内外换岗等锻炼机会，向校内管理工作岗位输送。

（3）专业教师

根据辅导员本人的学术水平和发展志向，允许辅导员向教学、科研方向转岗。应给辅导员提供课程教学平台，包括思想政治理论课、就业指导课、形势政策课、职业规划课等授课机会，以此丰富辅导员的教学经历，赢得学生和教师的尊重。学校还可通过思想政治公共课教学部门对辅导员的科研能力与教学能力进行鉴定，帮助其顺利实现转岗。

（三）构建辅导员能力建设的支持培训体系

1.岗前培训

上海市在2005年就推行辅导员"先培训、后上岗'的准入制"，上海市教委与高校辅导员协会合作牵头，依托八个高校辅导员培训基地，组织统一的辅导员岗前培训。培训内容主要：岗位认知与工作职责、学生党建、心理健康教育、网络思想政治教育、思想理论研究等九个方面的内容。基地培训和学校培训相结合，进行日常大学生事务管理等方面的培训。

很多高校考虑到辅导员的教师身份还会对辅导员进行教师资格培训，对辅导员的全面发展和综合素质提升有很大的帮助。

2.岗位培训

（1）专题培训

辅导员专题培训结合辅导员日常工作中的重点问题深入培训，可以根据自己的发展方向、兴趣等选择报名参加。如2012年32项专题培训"菜单"，涉及辅导员职业发展规划与管理技能、职业礼仪与领导艺术、辅导员思想政治教育研究能力提升、危机干预、网络素养等辅导员工作等的方方面面。每项培训不少于5天、30个学时，不少于6次专题讲座。考核以提交论文方式为主，结合课堂表现等情况综合考核。

（2）专业学习

辅导员的工作涉及教育学、管理学等多个学科的知识，完善辅导员的知识结构需要鼓励辅导员进行脱产、半脱产的专业学习；鼓励辅导员参加相关专业学习，有利于在辅导员队伍中培养一批有实践经验的专业型、职业型的学生工作专家；学科建设的完善给辅导员提供更多的专业学习平台；为辅导员提供专业学习有助于培养具有管理实践经验的教学科研队伍。

（3）网络培训

网络信息技术的迅速发展，辅导员可以登录指定的网站收看相关内容的视频，参与网上讨论，完成培训任务。网络培训解决辅导员培训空间和时间上的一些现实矛盾，辅导员培训变得更灵活和高效。各高校同时为辅导员提供各种网上交流的机会，"易班"辅导员平台等，通过网络平台即时交流工作心得，丰富工作方法。

（4）日常培训

辅导员的日常培训由各高校学生工作部统筹规划，包括政工干部学习会、辅导员专题讲座、辅导员心理工作坊等，旨在让辅导员培训常态化，保证辅导员能够与时俱进，提高工作能力，适应不断变化的学生工作。

3.社会支持体系

（1）第三方辅导员专业资格认定和测评机构

欧美、日本等教育发达的国家，辅导员职业化、专业化建设起步较早，积极探索和实践设立专业的第三方机构，提高辅导员岗位认定的专业性和科学性。

（2）辅导员协会、辅导员中心等行业管理组织

在教育部、高校牵头下可以成立辅导员协会等行业管理组织，使之成为广大辅导员自我教育的学校、自我服务的平台，增强辅导员职业归属感。

（3）完善的工资、福利、岗位津贴等制度

各级政府和各高校一方面要重视辅导员的培养，创造各种职业发展平台，规范辅导员职级晋升制度，还要不断完善辅导员的工资、福利等各项制度，构建辅导员职业能力提升的动力基础。

第三节　高校辅导员的专业化

一、高校辅导员专业化的特征

1.提高理论素养是专业化培养的中心

素养，决定一个人行为习惯和思维方式的内在特质。素养是一个人能什么、想做什么和会怎么做的内在组合。专业素养是指为完成某项工作所必须具备的能力、态度、个性等之和。专业素养是从业人员稳固的职业品质，通过科学教育和自我提高而形成的。专业素养包括：专业知识结构、专业能力与技能和专业情意。专业知识是专业人员必须具备的从事某项专业工作所要求的基本知识。专业能力是从业人员必须具备的从事专业工作的基本能力。专业能力包含：教育、社会服务等。专业技能指从业人员运用知识和经验，

完成具体任务。专业情意是专业人员从事专业活动的不竭动力。主要包括专业理念、专业情操、专业性向和专业自我。

（1）[2004]16号文件要求高校辅导员的基本素养是理论功底扎实；具有较高的师德和业务水平；爱岗敬业，教书育人，率先垂范，言传身教；具有较强的组织管理能力，勇于开拓创新，掌握国家各项政策和措施等。

（2）教育部令第24号对高校辅导员提出具备本科以上学历，乐于奉献，潜心教书育人；具有相关的学科专业背景，具备较强的组织管理能力和语言；专职辅导员可承担思想道德修养与法律基础、心理健康教育等相关课程的教学工作；对辅导员进行时事政策、教育学以及就业指导等方面的专业化辅导与培训。

（3）《高等学校辅导员职业能力标准》对不同层级的高校辅导员提出了循序渐进的素养要求。在基础知识、专业知识、法律法规知识方面存在共性要求，根据辅导员选择的职能提出了不同程度的科研要求。

2.高校辅导员的专业素养

（1）专业理想与教育理念

专业理想是辅导员对成为一个成熟的思想政治工作者的向往与追求，是推动辅导员专业发展的巨大动力。杜威指出：很难设想一个对教育工作毫无兴趣的人。高校辅导员应树立爱岗敬业、为人师表、勤于学习、乐于奉献、善于创新的专业理想。高校辅导员只有在科学的专业理想的指导下，才会忍受漫长的成果转换周期，促进自身全面发展。高校辅导员是社会主义核心价值观的重要传递者和宣传者，通过对自身职业信念的塑造指导大学生顺利实现锐变，促进大学生树立远大的理想信念。

高校辅导员的教育理念包含：马克思主义信仰、思想政治教育及相关学科的理论知识、规章制度和他人经验等。激发辅导员职业理想的认同度和幸福感，实现与大学生远大理想信念树立的互动。

（2）专业知识

①思想政治教育学知识

思想政治教育学的相关知识包括：思想政治道德观教育、思想政治教育史、比较思想政治教育等。大学生党团、班级建设的相关知识等学生日常思想政治教育的知识，突发事件应对与管控的相关知识。

高校辅导员是保证高校社会主义办学方向的坚守者。政治性是辅导员职业的第一性，坚持马克思主义在意识形态领域的指导地位。高校辅导员应引导大学生具有党的观念、祖国的观念和人民的观念。大学生理想信念教育要充分把握好"六个为什么"与社会主义核心价值体系的关系，满足不同学生群体的需要。大学生理想信念教育应重视对大学生进行历史教育与国情教育，尊重大学生的个性差异和多样化需求。现阶段就是要做到以全体中国人民为主体，大学生要实现担负起中华民族的伟大复兴，笃信马克思主义；发展马克思主义；践行马克思主义。高校辅导员职业的教育性贯穿于大学生从入学到毕业就业的全过程。

②教育学、心理学知识

高校辅导员是大学生成长阶段最直接的引导者，导致辅导员的工作时间长、任务重，这要求辅导员要具备良好的心理素质。教育学、心理学成为重要理论基础。教育学包括高等教育的目的与价值，教育法律法规等。心理学包括成长心理、人际心理等，是辅导员开展个体和团体心理辅导的基础。

③职业生涯知识

大学生职业生涯规划和就业指导是高校辅导员工作的重要构成部分，金融危机以来，就业难成为一个事实，对于职业生涯规划的掌握成为辅导员知识结构中不可或缺的部分。包括类型学理论、人际交往学、职业指导基础理论、生涯规划基本理论、社会保障法等。掌握这些可以提升辅导员对大学生职业生涯规划的指导能力。

④人才学和现代管理科学知识

大学是科技进步和人才培养的结合点，肩负着不可替代的历史责任。大学要成为培养高素质的创造性人才的摇篮。高校人才培养的核心是造就创新创业能力和实践能力。马克思：如果我们选择了最能为人类幸福而劳动的职业，……那时我们感到的将不是一点点自私而可怜的欢乐，我们的事业将永远存在。

高校辅导员需要秉持一种正确的人才观，按照新时代的人才标准对学生进行教育和引导。包括组织行为学、高等教育管理学、激励学等方。

（3）专业能力

①交往能力

交往能力是人们在社会交往中表现出来的能力，高校辅导员工作是一项具有社会性质的工作。需要接触、观察、了解学生，需要多方面之间进行沟通与协调。交往能力是辅导员工作中所必备的能力。

②组织管理能力

高校辅导员组织管理能力是对大学生进行有效有序管理、成为大学生思想政治教育工作指导者的保证。包括领导力、决策力、组织力、协调力和执行力。

③教育教学能力

高校辅导员既是高校教师的身份，又担当着思想政治教育的重任。必须具备包括有效信息选择、课堂教学节奏把握与纪律管理、发现问题与解决问题的能力。如：怎样以我国现代化建设的实际问题为靶的，着眼于对改革开放中实际问题的理性思考。引导大学生在重大政治问题上明辨是非，引导大学生学会思辨的能力，帮助大学生学会科学地认识和分析复杂的社会现象的能力，对中国特色社会主义道路的忠诚感。

④科学研究和创新的能力

研究能力指善于将在自身工作领域中发现的实践问题理论化的能力。可针对工作对象、工作效度、难点等问题，从实践中进行理性的高度凝练，推进日常工作科研化。沈壮海教授：辅导员做科研，是辅导员工作有效开展的需要。辅导员更有条件真正深入到大学生思想政治教育实践之中，做好研究工作，应当注意强化问题意识、把握实践进展严守学术规范。

创新能力指辅导员善于应对环境做出工作方法和工作理念的创新能力。实现工作的现代化和科学化，实现由"静态"向"动态"、"管理型"向"服务型"的转变，在创新中接续寻求。

（4）专业道德与专业精神

①专业道德

高校辅导员的专业道德对绩效产生直接影响的行为准则。高校辅导员将学生看做发展的人、独特的人、完整的人。专业道德集中体现：高度的责任感、非营利性的服务动机、善于合作的品行。辅导员高尚的专业道德可以为学生作出表率，是道德教育从理论向实践转化的催化剂。

②专业精神

专业精神有助于辅导员把自己所从事的工作与社会发展联系在一起。专业精神表现为职业意识。指人们关于职业的观念形态，对从事的工作起着巨大的促进作用。高校辅导员对学生有理解、尊重和合作的态度；对职业伦理及其规范有认同感。它是辅导员从事思想政治教育工作的内在精神动力。高校辅导员必须树立起长远的职业意识，激发强烈的职业情感、树立职业生涯的观念。

根据对国家政策要求、工作特征和社会角色三个维度的具体分析，专业化培养的中心是提高专业素养，专业化培养的重点是熟悉专业知识。辅导员专业化发展在于专业能力和专业品质的提高。自我价值的过程是专业化发展的过程，辅导员专业化要构建终身专业训练的科学体系，实现专业化知识和技能的掌握、专业道德的养成、创新能力的提高。过程包括个体和群体专业化共赢。优秀的辅导员不仅是知识和美德的化身，用知识吸引青年，更能用美德影响青年，做学生成长路上的心灵导师。

二、影响高校辅导员专业化发展的主要因素

（一）个人因素

1.教育背景

一个人的受教育水平和专业背景决定了个体的职业能力、思维模式和职业态度。从事高校辅导员工作的人员他们的第一本科专业背景是百花齐放的状态。辅导员数量的急剧上升，导致很多非专业毕业的人员从事这一职业，削弱了高校辅导员工作的政治性。

2.动机与需要

乐业、敬业、守业应该是从事一个职业的最初动机。从现有的调研结果来看，把高校辅导员作为终身职业的人员非常少。端正从事高校辅导员的动机非常重要。

3.个性与价值观

职业的价值观将导致一个人的职业态度和职业选择。随着年龄增长和生活经验的不断积累，对于职业的价值和信仰会发生改变。

（二）环境因素

（1）社会环境指跟高校辅导员工作组织、工作内容等相关的国家宏观政治、文化等大的环境。

（2）大学组织环境。学校的发展理念、规章制度、育人模式等构成了高校辅导员专业化建设的现实环境，为高校辅导员专业化建设设置了约束。

（3）家庭环境。家庭是高校辅导员社会化的最初基地，家庭是他们实现专业化的影响因素。家庭的支持与鼓励、干扰与阻滞等，都会成为高校辅导员专业化建设中的羁绊或助推器。

高校辅导员专业化建设的实现是合力的结果，正是我们关注的组织的主导与个体的主体结合的成果。

第四节　"职业化"是辅导员体制问题的根本措施

一、高校辅导员"非职业化"的表现形式

（一）工作的短期性

目前，高校政治辅导员队伍不稳定。在政治辅导员岗位上工作三到四年的就已是"老辅导员"，有的辅导员一年后就考研了，学校不得不大量重新选留新辅导员来充实队伍。辅导员作为一种"临时职业"的观念已根深蒂固。

有些高校实行兼职辅导员制度，由于专业课老师有专业授课，行政管理人员又有工作要处理，思想政治教育工作就被列入兼职老师有时间就管的境地。大多数人认为辅导员工作没有前途，基本上所有的辅导员都在为换岗发展作准备，新老更替特别快。这使得教育管理系统缺乏一种清晰的思路和明确的目标，长此以往，思想政治教育工作缺乏整体性、连续性、创新性。

（二）队伍的非专业性

非专业性主要表现在从未从事过学生教育管理工作的应届毕业生，其所具备的能力和素质与工作要求间存在较大差距。当辅导员逐步熟悉了学生工作规律，在学生教育、管理工作能力和水平上仍需进一步提高，这时大多数辅导员已经或准备离岗，年复一年地在这个怪圈中循环。

（三）职责的不明确性

辅导员除了从事学生思想政治教育和日常管理外，很多非本职工作都压到了他们肩上。如组织部、学生处、团委都可以向辅导员布置任务，辅导员承担了众多的教学秩序管理和行政工作的事务。多重考核使辅导员不知所从。

（四）学术上的薄弱性

多数辅导员参加工作前是忙于自己学业的学生，大多数人在校学习期间没有系统地学习过思想政治教育以及相关学科，他们还处于经验管理、疲于应付的状态，在科学研究方面的精力投入有限，影响了管理工作的科学性和有效性。

二、高校辅导员"非职业化"带来的问题

（一）影响辅导员队伍的稳定

学生辅导员制度最先是由清华大学于1953年率先建立的，由于当时实行"选择一些政治上优秀的学生担任政治辅导员"的做法。所以辅导员制度被形象地称为"双肩挑"。当前，当前中国高校未设辅导员队伍的院校较少，这些高校主要依靠基层党团组织和班主任制度，思想政治理论课和相关人文学科的教书育人功能与其他学校相同。

"非职业化"导致的人员非正常流动快的现状，因为他们看到的只是分流的压力和对前途的迷惘，看不到今后自己的从业方向和努力目标，严重影响队伍的稳定。

（二）影响正常政工队伍的建设

"非职业化"，导致"短期行为"严重，工作热情不高、不能潜心钻研业务，为了转岗而想方设法代课，更谈不上做深入细致的思想政治工作。

1.辅导员的年龄结构不合理

年龄状况及其年龄结构是这支队伍自然的基础状态，反映这支队伍发展的情况。现阶段中国高校辅导员队伍年轻化程度较高；从事学生思想政治教育工作的经历与他们从事相关工作经历密切相关。

当前高校辅导员队伍的中坚力量是26～35岁这个年龄段的教师。他们大多已经在高校工作10年左右，具有教育工作的经历。但具有长期从事学生思想教育工作经历的辅导员教师比例不高。富有长期工作经历和经验的辅导员，随年龄的增长呈减少的趋势。

2.学历结构不尽人意

《教育部关于加强高等学校辅导员班主任队伍建设的意见》：辅导员是高等学校从事德育工作，是大学生健康成长的指导者和引路人。这是胜任以大学生为工作对象的思想教育工作的客观需要。当前，高校辅导员队伍的学历结构多为大学本科学历。虽然目前高校辅导员的学历符合基本标准，但距离专职辅导员向职业化、专家化方向发展的目标仍然任重道远。

（三）影响学生培养的质量

学生思想政治工作要求学生工作干部具有良好的政治思想素质、较强的事业心。绝大多数辅导员未参加思想政治教育系统培训，知识结构难以适应工作的要求；由于理论知识和实践经验不足，还不完全具备从事学生教育、咨询等相关工作和基本的工作方法。"非职业化"严重影响了学生培养的质量。

三、高校辅导员"职业化"的发展思路与构想

（一）要改变辅导员队伍的"非职业化"现象，首先要解决的是体制问题

将辅导员的人事、工资归属与日常工作的安排划归一个部门管理。使他们成为专职思想政治教育教师和学生管理干部。2.进一步明确工作职责，能够专心从事学生思想教育和日常管理工作。学校要总体协调，通过一个渠道来安排。3.辅导员既可以按现在的模式分别负责某一院（系），也可几个辅导员共同负责一个宿舍楼的学生工作，适应学分制条件下可能带来的学生流动对工作的要求。

（二）观念更新是解决问题的又一关键

学校要制定相应配套措施，配齐所需人员，提供必要的场所。确立辅导员也是高层次人才的观念，对教学科研和学生工作这两大领域骨干力量的培养，要同时并举。提高辅导员的地位，把工作作为自己事业成功的生长点和心理归宿。2.辅导员自身观念的更新是关键。他们必须把辅导员工作作为个人事业发展与学校宏观发展和国家的育人目标有机结合，做到在高校辅导员岗位上爱岗敬业，成为一名富于战斗锐气、不断焕发力量的优秀高级德育工作者。

（三）辅导员出路和待遇问题的解决是队伍"职业化"的有力保障

辅导员工作任务重、要求高、压力大、奉献多，如果不能解决会影响队伍稳定和工作积极性。要将辅导员的培养纳入学校干部、教师培养计划，解除他们的后顾之忧；要敢于大胆提拔重用和落实职务上的待遇。

"职业化"要求辅导员逐步向"专家型"发展，高校学生思想政治工作是社会主义精神文明建设的关键，积极推进辅导员"职业化"建设，是解决高校思想政治工作弱化的有效措施。

第五节　高校辅导员面临的机遇挑战与对策

一、高校辅导员面临的新机遇

（一）党和国家的高度重视，为高校辅导员工作提供了新机遇

1.加强和改进大学生思想政治教育的指导思想

通过多年的理论研究，全面落实党的教育方针，以理想信念教育为核心，以思想道德建设为基础，解放思想、实事求是、与时俱进，贴近实际、贴近生活、贴近学生，培养德智体美全面发展的可靠接班人。党的十八大号召全党全国人民坚持科学发展观，凝聚力量，坚定不移沿着中国特色社会主义道路前进。科学的指导思想确保总体工作思路与国家的人才培养目标一致。

2.加强和改进大学生思想政治教育的六大基本原则

（1）教书与育人相结合的原则

坚持育人为本、德育为先，把思想政治教育摆在首要位置。

（2）教育与自我教育相结合的原则

要鼓励发挥全体专业课教师、思政课教师、党团组织的教育引导作用，利用各种课堂内外的主题教育，引导他们进行自我教育、自我服务、自我提升。

（3）政治理论教育与社会实践相结合的原则

既重视课堂教育，又注重引导大学生深入社会、服务社会。

（4）解决思想问题与解决实际问题相结合的原则

既讲道理又办实事，增强思想政治教育的实际效果。

（5）教育与管理相结合的原则

把思想政治教育融于日常管理之中，建立长效工作机制，有效地引导大学生的思想和行为。

（6）继承优良传统与改进创新相结合的原则

不断探索新形势下大学生思想政治教育的新途径，努力体现时代性，富

于创造性。

3.课堂教学是推动大学生思想政治教育的主阵地

（1）高等学校思想政治理论课成为大学生思想政治教育的主渠道

思想政治理论课是大学生的必修课，是帮助大学生树立正确三观的重要途径。

（2）形势政策教育成为思想政治教育的重要内容

各高校陆续建立大学生形势政策报告会制度，形势政策教育资源库逐步完善。辅导员可及时利用此契机，结合国际国内形势变化，制订形势政策教育补充教学计划。

（3）高等学校哲学社会科学课程为思想政治教育承担重要职责

社会科学对于帮助大学生坚定正确的政治方向，提高思想道德修养和精神境界具有十分重要的作用。

（4）高校各门课程都具有育人功能，全体教师共同承担育人职责

广大教师以自己的道德追求、道德形象去引导教育学生。高校教学主管部门应树立全环境、全员育人的理念，深入发掘各类课程的思想政治教育资源；长期潜移默化把加强思想修养、提高政治觉悟当成基本的功课；绝大多数专业课教师坚持做到严管教育教学秩序，加强大学生人才培养管理；培养学生的创新力、协作力、领导力等素质。

4.大学生思想政治教育途径的拓展

（1）深入开展社会实践

社会实践是大学生思想政治教育的重要环节，对于促进大学生增强社会责任感具有不可替代的作用。大学生社会实践育人的长效机制探索得以推进，引导大学生走出校门，到广大人民群众中去。

（2）大力建设校园文化

校园文化的育人功能不断得到凸显，各大高校坚持创建体现时代特征和学校特色的校园文化，学而不厌、勇于探索的学风成为大部分高校的共有特色。各高校开展丰富多彩、积极向上的活动，将德育与智育、体育、美育有机结合起来。在各类传统节庆日、毕业典礼、颁奖典礼等特定日期开展吸引

力强的主题教育活动。校园文化活动设施不断得到完善，校报、校刊和校内广播电视等宣传媒体建设，都给主流价值观的传播提供更有力的保障。

（3）主动占领网络思想政治教育新阵地

利用校园网为大学生学习、生活提供服务，不断拓展大学生思想政治教育的渠道和空间已成为主流应用。各高校积极开展生动活泼的网络思想政治教育活动，密切关注网上动态，加强同大学生的沟通与交流。高校运用技术、行政和法律手段，严防各种有害信息在网上传播。网络思想政治教育队伍已牢牢把握网络思想政治教育主动权。

（4）高校开展深入细致的心理健康教育

各高校心理健康中心广泛深入开展谈心活动，提高思想认识和心理素质。心理健康教育和咨询的专门机构在各高校相继建立，针对每位学生的心理健康测评广泛开展。各类特色咨询和团队建设活动很好地培养了大学生良好的心理品质和优良品格，各种心理问题在心理辅导老师的帮助下有所增强。

（5）努力解决大学生的实际问题

现阶段的思想政治教育既能育人，又帮助人。高等学校改善办学条件，提高教育教学质量。对经济困难大学生的资助工作不断加强，不断完善资助政策和措施，包括建立健全奖、助、贷、免、补等各级各类学生资助体系。各高校就业指导部门引导毕业生到祖国最需要的地方建功立业。通过资助育人、服务育人、管理育人，把党和政府对大学生的关怀落到实处。

5.党团组织在大学生思想政治教育中的作用

（1）党的政治优势和组织优势为做好大学生思想政治教育工作提高保障

高等学校党组织高度重视学生党员发展工作，把优秀大学生吸纳到党的队伍中来。对大学生党员加强先进性教育，充分发挥其在大学生思想政治教育中的骨干带头作用。

（2）共青团、学生会和研究中心等组织为推进大学生思想政治教育提供活力

高等学校各团组织始终把加强大学生思想政治教育工作摆在突出位置，竭诚为大学生的成长成才服务。针对大学生特点，开展了生动有效的思想政

治教育活动，在大学生思想政治教育中充分地发挥了纽带作用。

（3）班级、社团等组织形式为开展大学生思想政治教育提供灵活的空间

班级是大学生的基本组织形式，高校辅导员要带领学生干部不断加强班级集体建设，充分发挥团结学生、组织学生、教育学生的职能。社团已逐渐成为大学生丰富课外活动的理想场所。

6.国家和各级政府日益重视大学生思想政治教育

（1）大学生思想政治教育工作队伍建设不断得到重视

所有从事大学生思想政治教育的人员，不断加强思想道德修养，成为大学生健康成长的指导者和引路人。在正确的政策导向和自身要求下，爱岗敬业，教书育人，以良好的思想政治素质和道德风范影响和教育学生。

（2）大学生思想政治教育工作的良好社会环境日益成熟

各级各地政府为高等学校创建了良好的育人环境，各地结合城市改造和社区建设不断改进城市规划，为大学生思想政治教育提供了各种硬件、软件的支持。宣传、理论、新闻、文艺等方面积极坚持弘扬主旋律，为大学生提供了丰富的精神食粮。

（3）对大学生思想政治教育工作的领导不断得到加强

各级党委和政府从战略和全局的高度，把"培养什么人"、"如何培养人"这一重大课题始终摆在重要位置。各地、各有关部门主动配合，共同做好大学生思想政治教育工作。高等学校充分发挥了大学生思想政治教育主阵地、主渠道作用。

（二）高等教育的改革与发展对高校辅导员工作提出了新课题

1.高等教育改革的重要举措

（1）全面提高高等教育质量

高等教育承担着培养高级专门人才、促进现代化建设的重大任务。到2020年，高等教育结构更加合理，人才培养、科学研究和社会服务整体水平全面提升，高等教育国际竞争力显著增强。

（2）不断提高人才培养质量

人才培养在高校工作中的中心地位得到牢固确立，教学投入不断得以加

大。教师不断提高教育教学水平，教学基本建设得以不断加强。推进和完善学分制、选课制；学生参与科学研究的支持力度不断加大。各高校全面实施高校本科教学质量与教学改革工程，激励学生刻苦学习。

（3）提升科学研究水平

充分发挥高校在国家创新体系中的重要作用；大力开展自然科学、技术科学、哲学社会科学研究。以重大实际问题为主攻方向，促进高校、科研院所、企业科技教育资源共享，培育跨学科、跨领域的科研与教学相结合的团队。完善以创新和质量为导向的科研评价机制，深入实施高校哲学社会科学繁荣计划。

（4）增强社会服务能力

高校要牢固树立主动为社会服务的意识，推进产学研用结合，提高公众科学素质和人文素质；弘扬优秀传统文化，发展先进文化；充分发挥智囊团、思想库作用。

（5）传承文化

文化是一个国家经济社会发展的主要支撑，守护、传承、创新文化，是大学必须承担的新功能。功能实现得如何，决定着它对国家和民族的意义。

消饵文化冲突，进行跨文化的交流与融合正式国际化背景下大学的新使命。增强中华文化在世界的影响力，使中国文化为世界所向往。

（6）优化结构办出特色

适应国家和区域经济社会发展需要，不断优化高等教育结构，优化区域布局结构，加大对中西部地区高等教育的支持。鼓励东部地区高等教育率先发展，促进高等学校办出特色，办学特色是高等学校办学质量与竞争力的重要体现。高等学校办出特色是高等教育大众化阶段的必然要求。

2.人才培养体制改革的重要思想

（1）更新人才培养观念

深化教育体制改革，核心是改革人才培养体制。树立全面发展观念；树立人人成才观念；树立多样化人才观念；树立终身学习观念；树立系统培养观念，加强学校之间、校企之间、学校与科研机构间合作等多种联合培养方式，形成选择多样的人才培养体制。

（2）创新人才培养模式

遵循教育规律和人才成长规律，创新教育教学方法，形成各类人才辈出、拔尖创新人才不断涌现的局面。倡导启发式、探究式、讨论式、参与式、体验式教学，激发学生的好奇心，营造独立思考、自由探索的良好环境。深入研究，形成更新教学内容的机制。注重知行统一，坚持教育教学与生产劳动、社会实践相结合。充分利用社会教育资源，加强中小学校外活动场所建设，鼓励学生积极参与志愿服务和公益事业。改进优异学生培养方式，在跳级、转学、转换专业等方面给予支持和指导。探索高中、高等学校拔尖学生培养模式。

（3）改革教育质量评价和人才评价制度

在建设人力资源强国和创新型国家的迫切要求面前，全面推进人才培养体制改革成为当务之急。教育规划纲要从更新人才培养观念、改革教育质量评价和人才评价制度等方面提出人才培养体制改革的任务措施。遵循人才成长规律改革教育质量评价和人才评价制度是重要保证。

二、高校辅导员面临的新挑战

（一）辅导员自身面临的挑战

1.高校辅导员面临的诸多问题

随着社会的发展和高等教育改革的深入，学生工作逐渐走向复杂化。高校辅导员身兼学生行为管理者、学生日常生活关心者、学生集体活动领导者等多重角色，还要从事困难学生帮助、学生思想动态掌握等一系列复杂的角色和工作。给辅导员带来很大的角色冲突与困扰。

变化多端的工作性质、"多面手"的角色扮演，给辅导员们带来巨大的职业压力。为顺利完成日益增多的工作内容，辅导员必须不断地学习。不同工作内容之间的部分冲突可能直接导致辅导员对整个职业的质疑。工作压力的长期积累以及高要求带来的焦虑与恐惧，将直接威胁到辅导员的心理健康，将造成辅导员心力交瘁。

2.高校辅导员队伍发展与管理水平的困境

我国高校辅导员的发展虽然已走过半个多世纪，但鲜有为辅导员工作出台的立法，国家文件指导精神在全国各地的落实情况，因不同地域的特殊情况，有非常大的差异。

辅导员各项专门化职责的发展虽逐步走向完善，但专业化分工不够明确；专接受专业教育的人员有限，仍无法得到足够的保障；辅导员队伍中的大量人员没有明确而统一的职业发展方向。

（二）多元化和复杂化的工作对象带来的挑战

1.教育对象思想状况复杂化使教育难度加大

经济全球化的深入发展使思想文化领域的交流、交锋日益频繁，社会价值观多样、多变，对引领学生思想提出更高要求。

随着经济的快速发展，各种不同思潮的影响在学生身上留下深深的烙印。当代大学生思想意识主流仍呈现积极、向上的良好发展态势。具有较强的社会责任感和强烈的民族自信心和自豪感，崇尚良好的社会公德，呼唤诚实守信和懂得感恩。随着社会体制的快速转型，在社会、家庭等多种因素的影响下，部分大学生原有的人生观、世界观、价值观开始动摇，亟待辅导员队伍的高度关注。

2.大学生群体的新特点提出了挑战

（1）大学生自身利益得到高度重视

新时期的大学生们自身利益得到高度重视，处世态度日趋务实。学生价值追求和行为选择的实用化倾向日益明显。在面对个人发展方向时，选择考研、进外企的比率明显增多，选择支援西部比例明显下降。物质观在错综复杂的市场环境中，少数大学生过早地开始盲目追逐权力、名誉和地位。

（2）大学生对传统文化的传承有待加强

西方文化大量涌入中国，传统文化饱受冲击，民族传统礼仪、节日、传统的儒家文化思想等在大学生中逐渐被淡忘，西方文化在年轻大学生心中形成不可忽视的影响。高等教育要通过各种教育与引导，帮助大学生更多地传承中国优秀民族传统文化。

（3）大学生消费观念明显超前

大学生是当代青年中的特殊消费群体，在巨大利益的诱惑下，吸引大学生群体消费的各种模式层出不穷。从大学生的消费行为来分析，具有追求前卫性、讲究实用性和差异性明显的特点。近年来，休闲、娱乐消费、人际交往消费大举攀升，成为大部分学生无法避免的每月支出。过于频繁的各类消费，稍有不慎将容易滋生盲目攀比心理。如何帮助大学生形成健康的金钱观，引导合理的消费模式，成为辅导员需要关注的重点话题。

（4）大学生面临着较大的市场竞争和就业压力导致的心理恐惧蔓延

身处市场经济大潮的当代大学生，从进入大学的第一天开始，就面临着各种竞争，很多学生都有过或大或小的失败经历，影响部分学生对自身缺乏自信。部分学生在大学四年中缺乏科学的生涯规划，就业过程中带有盲目性。

三、高校辅导员应对机遇与挑战的主要措施

（一）加强学习锻炼，不断提高综合素质

1.加强理论学习和思想修养

多样化的社会思潮、复杂化的现实问题使辅导员面临着更大的挑战，必须不断加强理论学习和思想修养，不断创新工作理念，把握时代脉搏，正确的价值观念，为学生终生发展导航青春。

（1）辅导员要加强政治学习，坚定信仰

我国辅导员的最初职能是"政治辅导"，当前服务学生成才成为辅导员的价值所在，辅导员需要具备深厚的马克思主义理论基础，思想政治素质的高低直接影响学生的政治信仰。。

辅导员要具有坚定的政治信仰，必须要加强政治理论学习。认真领会社会主义核心价值观，做到思想政治水平过硬。辅导员要加强党性锻炼，提升党性修养。掌握政治理论后，用马克思主义中国化的科学理论武装青年学生，坚定大学生建设有中国特色社会主义的理想信念。

（2）辅导员要加强道德修养，立德树人

辅导员是品德的树立和传承者，自身首先具有高尚的品德。辅导员言行

举止和为人处世会对学生产生潜移默化的影响，提高自身思想道德水平，才能让学生信服，传承优秀的品德。

辅导员需要加强自身修养，追求积极健康的生活情趣，养成良好的生活作风，以高度的责任感为学生的成长成才服务，做学生的好榜样。

（3）辅导员要敬业爱生

新形势下，辅导员的工作具有任务多、责任重的特点，学生的思想、困惑、发展需要辅导员了解和解决。要做好工作需要投入大量的精力和时间，纷繁复杂的工作要靠辅导员的责任感、良知来实现。辅导员的地位、待遇、发展和实际付出有时不相称，需要提高辅导员对思想政治教育工作重要性的认识。辅导员要面对工作压力大、工作时间不确定等情况，需要有一定奉献精神。

辅导员要贴近实际，思学生之所思，想学生之所想，以学生为本，既坚持原则，又能根据特点分层分类指导，才能帮助大学生解决深层次的思想认识问题。

（4）辅导员要励学笃行

辅导员岗位需要具备语言、思想、政治等多方面的知识技能。随着高等教育改革的深入推进，大学生思想状况复杂等情况，辅导员必须在学习和实践中不断提高自己的综合素质和能力，在职业化法制中努力实现专业化。

辅导员要提高综合能力与素质，主动学习教育学、心理学、法学、社会学、法律等知识，不断提高自身的文化修养、综合分析能力、创新能力等业务素质和能力。辅导员还要积极参加社会实践，提高解决实际问题的能力。这样才能用丰富的学识和阅历引导教育学生，在实际工作中回答、解决学生提出的各种各样的问题，促进自我价值的更好实现。

2.参加网络思想政治教育和心理咨询等培训和实践

（1）网络思政培训

面对信息化社会的机遇和挑战，辅导员要善于利用网络捕捉学生思想动态，开辟网络思想政治教育阵地。

网络思想政治教育有很多载体：校园BBS、易班、QQ、辅导员个人网页、微博等。通过这些载体，建立与学生互动交流的平台；答疑解惑，指点迷津；通过网络痕迹，了解学生的行踪与思想动态，牢牢把握住正确的政治方向；通过群发信息，与学生保持迅速的联系；通过开展易班主题活动，丰富课余生活。网络时代的到来使高校思想政治教育工作丰富了载体和手段。

辅导员要适应新形势，研究新情况、解决新问题，充分发挥高校网络文化的载体作用，引导大学生合理使用网络，才能从容面对网络时代的挑战。

（2）心理健康教育与咨询培训

当代大学生面临着学业、竞争、求职等各方面的压力，精神疾病有不小的比例。大学生的一些错误思想与不良品德，往往与学生的心理健康状况分不开。要求辅导员能够对学生进行心理健康教育和引导，促进大学生人格完善和全面发展。

加强辅导员的心理健康教育与培训，使辅导员具备心理问题的初步应对能力。辅导员可参加国家"心理咨询师"资格培训，学习一些基本的心理问题辨别知识。辅导员需能把内化于心的思想政治信念，通过外化的行为表达出来，将自身的优秀素质转化为学生的素质要求。

辅导员要抓好学生的心理咨询工作，需具备一定的心理健康教育与指导能力，有针对性的心理知识讲座。重视利用心理三级网络发现学生的心理问题，发挥好心理辅导的作用。

（3）职业生涯规划与就业指导培训

随着高校扩招，毕业生的就业竞争日趋激烈，大学生就业工作意义重大，关系到社会的稳定。辅导员要对大学生进行职业素质的培养，积极做好学生就业的引导工作十分必要。

加强辅导员的职业指导能力。通过就业指导相关的专题培训，增强辅导员职业指导的意识和能力，在实践中对学生进行职业规划和指导。可利用班会、谈心、职业能力测试，就业指导课、职业规划大赛等途径，把各专业培养方向、就业信息等传达给学生，帮助他们进行职业规划，为职业发展打好基础。

（4）日常事务管理培训

日常事务管理占据了辅导员工作的大部分时间，但这些日常事务是辅导员开展思想工作的重要依托。做好事务管理对培养青年大学生成长成才有重要意义。

组织开展辅导员日常事务管理培训，将创新的管理理念用于日常事务管理。日常的学生事务，可以通过筹备、建立专门的事务性服务机构，让辅导员从学生事务性工作中解脱出来，也可以给学生锻炼成长提供更多的机会。学生思想教育要结合具体的事件和事务进行，辅导员所做的日常事务管理是思想引导和教育的有效载体。辅导员要通过培训和日常实践，积累学生日常事务管理的经验和规律，针对不同的事务和具体的学生因材施教。利用校园广播、宣传栏，定时、定期进行宣传教育，使同学了解社会，提高学生的学习兴趣和创新能力。

（二）注重思考研究，不断提高工作实效

1.研究大学生的特点、工作规律及方法

（1）研究大学生群体的特点

大学生群体由不同的大学生个体组成，辅导员研究当代大学生的特点是做好工作的前提。中国社会政治经济结构的变化，大学生群体的构成日益复杂，学生群体的构成发生改变，个体的能力呈现多样化。随着现代科技的迅猛发展，对大学生现实特征把握的难度不断加大。研究有助于辅导员把握大学生的生理、思想行为等方面的特点，使思想政治工作具有针对性。

辅导员必须不辞劳苦，舍得花时间和精力走到学生中去，尊重学生，真心诚意地与他们交朋友，主动关心爱护学生，及时发现和疏导他们的心理烦恼。辅导员要注重与学生沟通的艺术，放下架子主动走进班级、走进学生中间，只有与学生充分接触，才能做好工作。辅导员要主动开展大学生思想状况调研，通过对比、分析、跟踪研究大学生思想状况，有针对性地开展工作。

（2）研究学生工作的规律

虽然辅导员从事的工作琐碎繁杂，经常忙得团团转，工作中不断出现的新问题需要辅导员去深入研究，才能把握学生工作的规律，提升工作效率。

学生工作是有规律可循的。辅导员要着重抓好思想引导、党团建设、班级管理等内容。辅导员要在实践的基础上对学生工作进行总结和反思。总结是对工作的理性思考、分析、归纳，找出存在的问题并分析原因。反思是对自身的实践，是辅导员积极主动研究和探索意识与能动性的体现和反映。总结和反思使得辅导员的工作行为逐渐趋于理性化和科学化。

（3）研究辅导员工作方法

辅导员是高校学生思想政治教育和管理工作的组织者和指导者，要具备扎实的专业技能。既要掌握思想政治教育的理论，又要与工作实际紧密结合改进方法。

辅导员应善于在工作中发现问题，找出解决问题的途径与措施，提高工作效率。鼓励辅导员开展科研，围绕工作实践中遇到的问题和难点展开理论研究。通过各种渠道为辅导员争取更多的研究资源，让辅导员拥有锻炼和成长的空间。还可以建立辅导员研究年会等方式，把辅导员科研水平与辅导员职称评定等结合起来，促使辅导员不断思考。

2.探索恰当有效的工作方法

（1）刚柔相济的管理方法

刚性管理主要通过建章立制，通过制度来规范学生的日常行为。学生工作中有很多制度，这些制度将使工作事半功倍。

辅导员要尊重学生的个体性差异，让学生学会自我教育、自我管理和自我服务。辅导员要解放思想、更新观念，从学生的需要出发，帮助学生解决各种问题，最大限度地满足每一个学生成才的需求。

辅导员工作在强化刚性管理的同时，实现情感作用的柔性化，发柔性管理优势，真正做到刚柔相济，相得益彰。

（2）分层分类的教育方法

社会经济的快速发展，促使社会对人才需求呈现多样化。辅导员在工作中要实事求是，因人而异采取个性化的教育原则和方式，对不同层次和需求的学生采取不同的培养方式。

对于优秀学生群体，让他们发挥先进的示范作用和骨干分子的带动作用。对于在经济、心理、行为等方面有困难的学生群体，辅导员要用爱心和耐心去做好他们的工作，解决他们的实际困难。针对心理问题较突出的情况，辅导员要根据其群体心理特点，帮助他们解决心理行为问题，优化他们的心理素质，使他们全面、和谐地发展。

（3）优质高效的管理方法

思想政治教育的基本方法包括正面教育法、批评和自我批评、比较教育法、自我教育法、情理融法、激励教育法等；在管理工作中，抓两头、带中间，以行带生，重发挥学生干部的作用等，是科学有效的教育方法。

学生管理三级网络是行之有效的管理方法。学生管理三级网络是辅导员联系学生干部，借助学生骨干的协助，是学校与学生之间形成上情下达、下情上传的畅通信息渠道。

朋辈辅导是由学生担任的同辈辅导人员，协助辅导员在班级建设、心理健康及思想教育等方面开展具体的工作。朋辈辅导员通过做一些日常基础性工作，实现思想政治教育的全覆盖和无缝对接，满足大学生多层次的需要，朋辈辅导员自身也得到了锻炼和提高。

参考文献

[1] 中华人民共和国教育部思想政治工作司. 加强和改进大学生思想政治教育重要文献选编1978-2008 [C]. 北京: 中国人民大学出版社, 2008.

[2] 金钊. 社会主义核心价值体系教育读本 [C]. 北京: 中央文献出版社, 2007.

[3] 汤书昆, 孙文彬. 中国媒介素养教育研究述评 [J]. 浙江传媒学院学报, 2009 (2).

[4] 吴鹏泽. 中美大学生媒介素养教育的对比研究 [J]. 黑龙江高教研究. 2011 (6).

[5] 季海菊. 新媒体时代高校思想政治教育的解构与重塑 [M]. 南京: 东南大学出版社, 2014.

[6] 樊富泯, 等. 香港高校学生辅导 [M]. 北京: 清华大学出版社, 2001.

[7] 白永生. 新时期高校辅导员队伍建设的研究与思考 [M]. 北京: 光明日报出版社, 2016.

[8] 冯刚. 辅导员队伍专业化建设理论与实务 [M]. 北京: 中国人民大学出版社, 2010.

[9] 王来顺. 高校思想政治工作新论 [M]. 北京: 中央文献出版社, 2009.

[10] [英] 安东尼·吉登斯. 社会的构成 [M] 李康, 李猛, 译, 上海; 生活·读书·新知三联书店, 1998.

[11] [英] 安东尼·吉登斯. 社会学 [M]. 赵旭东, 等, 译. 北京: 北京大学出版社, 2003.

[12] 杨建义. 高校辅导员专业成长研究: 基于思想政治教育学科的视野 [M]. 北京: 社会科学文献出版社, 2014.

[13] 杨俊一. 制度哲学导论 [M]. 上海: 上海大学出版社, 2007.

[14] 孟繁华. 教育管理决策新论——教育组织决策的系统分析 [M]. 北京: 教育科学出版社, 2002.

[15] 邵瑞. 高校辅导员媒介素养 [M]. 济南: 山东人民出版社, 2014.

[16] 张再兴. 网络思想政治教育研究 [M]. 北京: 经济科学出版社, 2009.

[17] 李莉. 高校辅导员专业化发展研究 [M]. 南京: 东南大学出版社, 2011.

[18] 宫淑红, 张洁. 媒介素养教育理论与实践 [M]. 济南: 山东人民出版社, 2010.

[19] 何芬林. 高校思想政治工作探索 [M]. 哈尔滨: 黑龙江教育出版社, 2006.

[20] 程予诚. 新媒介科技论 [M]. 苏州: 苏州大学出版社, 2005.